Eisenstein Ultrateatral

Coleção Estudos
Dirigida por J. Guinsburg

Equipe de realização – Edição de texto: Marcio Honorio de Godoy; Revisão de provas: Adriano Carvalho A. e Souza; Sobrecapa: Sergio Kon; Produção: Ricardo Neves, Sergio Kon e Raquel Fernandes Abranches.

Vanessa Teixeira de Oliveira

EISENSTEIN ULTRATEATRAL
MOVIMENTO EXPRESSIVO
E MONTAGEM DE ATRAÇÕES **NA TEORIA
DO ESPETÁCULO DE SERGUEI EISENSTEIN**

PERSPECTIVA

Dados Internacionais de Catalogação na Publicação (CIP)
(Câmara Brasileira do Livro, SP, Brasil)

Oliveira, Vanessa Teixeira de
 Eisenstein ultrateatral : movimento expressivo e montagem de atrações na teoria do espetáculo de Serguei Eisenstein / Vanessa Teixeira de Oliveira. – São Paulo: Perspectiva, 2008. – (Estudos ; 249 / dirigida por J. Guinsburg)

Bibliografia.
ISBN 978-85-273-0821-2

1. Eisenstein, Serguei, 1898-1948 – Apreciação crítica 2. Teatro – Produção e direção 3. Teatro russo – História 4. Teatrólogos russos I. Título. II. Série.

08-04971   CDD-792.0947

Índices para catálogo sistemático:

1. Teatrólogos russos : Apreciação crítica   792.0947

Direitos reservados à
EDITORA PERSPECTIVA S.A.

Av. Brigadeiro Luís Antônio, 3025
01401-000 São Paulo SP Brasil
Telefax: (011) 3885-8388
www.editoraperspectiva.com.br

2008

Sumário

NOTA INTRODUTÓRIA XIII

1. MINHA ARTE NA VIDA: UMA APRESENTAÇÃO DA
ARTE DO TEATRO NA VIDA DE EISENSTEIN 1
   Engenheiro e Artista na Revolução 1
   Aluno de Meierhold 5
   Encenador e Professor do Proletkult 11
   Cineasta e Professor de Cinema 13
   Mais uma Vez, Encenador Teatral 17

2. VISITA AO GABINETE EISENSTEIN DE IMAGENS CÊNICAS 21
   Bonecos de um Museu de Antropologia 22
   Um Policial Cortado e Esquartejado pelo Tráfego 33
   A Eletrificação dos Cadáveres de Gógol, Chaplin e Pierrô 39
   Uma Conversa Tensa ao Longo do Arame Esticado 47

3. TEATRO DE ESQUELETOS 81
   O *Agit-guignol* 83
   A Morta-viva e a Biomecânica 91

O *Movimento Expressivo* 100
  Otkaz e Rakurs 108
  O Golem e o Robô 111
  Movimento Expressivo e *Treinamento Biomecânico* 112
  O Movimento Expressivo *em Cena* 114
A *Montagem de Atrações* 117
  O Conceito de Atração 118
  A Violência da Atração 120
  A Dimensão Ideológica da Atração 122
  A Montagem *de "Artifícios Reais"* 125
  A Montagem Expressiva 127

4. OS DOIS CRÂNIOS DE ALEXANDRE O GRANDE 131
  Teatro e Cinema 131
  Do Homem Expressivo à Expressividade da Obra
  Cinematográfica 139
  Mise-en-scène e *Mise-en-cadre* 147
  O Teatro de Máscaras e a *Tipagem* 151

CONSIDERAÇÕES FINAIS 155

BIBLIOGRAFIA 159
  Bibliografia de Eisenstein 163
  Bibliografia sobre Eisenstein 164
  Filmografia sobre Eisenstein 166

ANEXOS
  Trabalhos de Eisenstein para o Teatro 167
  Filmografia de Eisenstein 169

Para Rita Stella
sempre

Qualquer atitude nossa é evidentemente sempre determinada por um conjunto de motivos. [...] Mas nesse "conjunto" de motivos há sempre um, geralmente o mais estranho, abstrato, ilógico, na maior parte das vezes absurdo, e muito freqüentemente irracional, "secreto" — que entretanto decide tudo.

EISENSTEIN

Nota Introdutória

Os filmes do cineasta russo Serguei Mikháilovitch Eisenstein (1898-1948) surgem inevitavelmente no caminho de quem estuda ou se interessa pela sétima arte. Meu primeiro contato com a obra de Eisenstein se deu em sala de aula. Assisti ao *Encouraçado Potemkin* (1925) e *Outubro* (1928) repetidas vezes, pude comparar o procedimento da montagem utilizado e teorizado por Eisenstein com o de outros cineastas, adquiri *A Forma do Filme* e *O Sentido do Filme* ensaiando mesmo um estudo mais aprofundado dos seus textos teóricos, até que, algum tempo depois, já em outro curso de cinema, pude assistir à segunda parte de *Ivan o Terrível* (1946) e ser completamente arrebatada por essa experiência. Parecia estar assistindo a uma peça de teatro – não no sentido de que o filme de Eisenstein fosse uma espécie de teatro filmado, mas no sentido de que ele apresentava uma forte teatralidade, ou seja, algo ali me remetia à expressão teatral. E era essa teatralidade que, a meu ver, conferia maior potência ao filme. Daí, não demorei muito a descobrir suas experiências "excêntricas" no teatro, os fogos de bengala sob as poltronas dos espectadores em *O Sábio* (1923), o estudo da biomecânica com o mestre Meierhold.

Contemporâneo das vanguardas revolucionárias soviéticas do início do século XX, Eisenstein participou ativamente do cenário artístico-cultural da sua época, não apenas realizando espetáculos, como encenador, cenógrafo e figurinista, mas também refletindo sobre o ator, o espectador, o texto e o espaço cênico. Este trabalho investiga, então, a teoria teatral de Eisenstein. O *corpus* da investigação é constituído pela obra artística e teórica do autor – particularmente- seus escritos sobre teatro –, alguns documentos iconográficos, relatos seus e de seus contemporâneos, e estudos de pesquisadores diversos sobre suas encenações e seus filmes.

Dividido em quatro capítulos, este livro aborda inicialmente o contexto histórico e artístico no qual se inserem a obra e o pensamento de Eisenstein; enfoca a sua relação com outros encenadores e movimentos da vanguarda; desenvolve mais pontualmente as teorizações do *movimento expressivo* e da *montagem de atrações*; e, por fim, serve-se dessas concepções para analisar as tensões entre os procedimentos utilizados por Eisenstein no cinema e no teatro.

O texto do livro segue, com algumas modificações, o da dissertação de mestrado defendida em março de 2004 na Universidade Federal do Estado do Rio de Janeiro (UNIRIO) perante uma banca composta por Angela Materno de Carvalho, Arlindo Machado e Flora Süssekind. Devo meu reconhecimento e agradecimento sincero aos três professores, em particular à professora Angela, orientadora desse trabalho, por sua leitura rigorosa e pelo forte estímulo. Agradeço também ao professor Cláudio da Costa pelos comentários e sugestões; a Alexandre Veras, Firmino Holanda, José Carlos Avellar e Orlando Senna pelo empréstimo de material fundamental à pesquisa, e, ainda neste sentido, devo um agradecimento especial a Geraldo Sarno. Têm ainda minha gratidão Lucía Yáñez, Tiago Guimarães, Aline Saraiva, Marcelo Magalhães, Francimara Teixeira, Joana Peregrino, Olga Fernández, Sálua Maciel, Elisângela Nogueira, Sidney Honigsztejn, Marcel Gonnet, e minhas queridas mãe e irmã. Por fim, agradeço à CAPES, pela bolsa de estudos concedida.

1. Minha Arte na Vida*:

uma apresentação da arte do teatro na vida de Eisenstein

ENGENHEIRO E ARTISTA NA REVOLUÇÃO

A Revolução de Outubro de 1917 e seus acontecimentos ulteriores desviaram abrupta e radicalmente o jovem Serguei Mikháilovitch Eisenstein – nascido no dia 23 de janeiro[1] de 1898 na cidade de Riga, na Letônia – não apenas de uma carreira de sucesso na engenharia e na arquitetura, como a de seu pai, Mikhail Óssipovitch Eisenstein, engenheiro oficial da cidade de Riga, mas também da comodidade de uma vida burguesa proporcionada desde a sua infância pelo *status* do pai e pela fortuna da família de sua mãe, Julia Ivanovna, filha de comerciantes ricos de São Petersburgo. Não que a engenharia e, sobretudo, a arquitetura o desinteressassem – muito pelo contrário, Eisenstein admirava o ponto de vista científico da engenharia e considerava a arquitetura um tema de enorme interesse para as suas reflexões e realizações artísticas no teatro e no cinema. Entretanto, Serguei Mikháilovitch, apaixonado "desde o berço" pelo circo e pelos augustos – *clowns* de cores berrantes, grotescos, com performance acrobática[2] –, já se

---

* Sobre a escolha do título desse primeiro capítulo: Eisenstein pretendia escrever em 1927 um livro de cunho autobiográfico cujo possível título seria *Minha Arte na Vida*, em resposta à autobiografia de Stanislávski, *Minha Vida na Arte*, lançada em 1926.

1. Data de acordo com o calendário gregoriano, adotado pela Rússia apenas em fevereiro de 1918.

2. S. M. Eisenstein, *Mémoires*, p. 77. No circo, são dois os palhaços que comandam as encenações: o *clown* branco e o augusto. Tradicionalmente, o augusto funciona como saco de pancadas do *clown* branco. Todos os textos em língua estrangeira – de Eisenstein bem como de outros autores – foram traduzidos por mim.

imaginava projetando obras para o teatro, objeto de fervorosa devoção, antes mesmo de se alistar no Exército Vermelho e de participar da guerra civil, de 1918 a 1920, contra o próprio pai, engajado no Exército Branco, antibolchevique.

Eisenstein identifica o marco da sua "paixão furiosa" pelo teatro ao seu primeiro encontro com a *Commedia dell'Arte*: a apresentação de *Turandot*, montagem de Fiódor Komissarjévski, no momento da excursão do teatro Nezlobin a Riga, em 1913. Mas a sua determinação em abandonar a engenharia para se consagrar definitivamente à arte aconteceu quando assistiu à montagem de Vsévolod Meierhold para *Mascarada*, drama de Lérmontov[3]. Esta montagem consumiu quase seis anos de pesquisa do encenador e do seu colaborador mais freqüente, o pintor Aleksandr Golóvin, sobre os hábitos e as modas do início do século XIX.

A estréia de *Mascarada* coincidiu com as manifestações de trabalhadores e com os motins que ocorreram em Petrogrado[4], no ano de 1917. Esses episódios ficaram conhecidos posteriormente como a Revolução de Fevereiro, resultando na formação do Governo Provisório e na abdicação do tzar Nicolau II. Em função desses acontecimentos, Eisenstein, assim como todos os estudantes do Instituto de Engenharia Civil, em Petrogrado, foi recrutado para a milícia voluntária. Mobilizado, Eisenstein é enviado para Izhora com a Escola Oficial de Engenharia para construir pontes flutuantes. Essa escola é logo dissolvida em janeiro de 1918 pelos bolcheviques. Eisenstein pôde então se dedicar completamente ao teatro já que no Instituto de Engenharia Civil, para onde retornara, as aulas eram freqüentemente canceladas. Marxismo, bolchevismo, menchevismo[5]? Aos vinte anos, Eisenstein ainda não demonstrava grande interesse por questões políticas. Nesse período, ele estudou história do teatro, exercitou-se como cenógrafo e figurinista, criando o visual de peças como *Hamlet* de Shakespeare, *Schluck e Jaú* de Hauptmann, *O Amor das Três Laranjas* e *O Pássaro Verde* de Gozzi; também se dedicou à dramaturgia, escrevendo *Despertar do Alarme Vermelho* que, segundo sua biógrafa Oksana Bulgakowa, seria uma peça claramente influenciada pelo *Mistério-Bufo* de Maiakóvski[6], e

---

3. S. M. Eisenstein, *Reflexões de um Cineasta*, p. 11.
4. No início da Primeira Guerra Mundial, a cidade de São Petersburgo foi renomeada Petrogrado. De acordo com o historiador Richard Pipes, "São Petersburgo" soava alemão aos ouvidos russos. R. Pipes, *História Concisa da Revolução Russa*, p. 85.
5. Movimento de oposição ao bolchevismo. Os mencheviques preconizavam o gradualismo, os métodos reformistas e a aliança com a burguesia liberal para alcançar o socialismo. Constituíam uma facção minoritária do Partido Operário Social-Democrata dos Trabalhadores Russos, de 1903 a 1912, que a partir de então se transformou num partido independente.
6. O. Bulgakowa, *Sergei Eisenstein*, p. 9-10.

criou uma pantomima, chamada *Os Milhões de Pierrô*, dentre outras realizações.

Com a mobilização compulsória de todos os cidadãos do sexo masculino entre dezoito e quarenta anos para a formação do Exército Vermelho, no ano de 1918, Eisenstein não mais podia se furtar aos acontecimentos da Rússia em plena guerra civil e acabou transformando a Revolução Bolchevique em uma revolução pessoal, artística e política. A atuação de Eisenstein no Exército Vermelho consistiu, primeiramente, no desempenho de tarefas como engenheiro militar, construindo defesas militares, e como projetista. Em julho de 1920, Eisenstein teve seu talento como propagandista reconhecido e valorizado, sendo designado para trabalhar na decoração de comboios e caminhões que partiam para o *front*, criando *slogans* de exaltação à Revolução e desenhando caricaturas contundentes, desmoralizando o antigo regime. Ele também atuou como cenógrafo da trupe teatral do *front* ocidental. Para a cultura revolucionária, a criação de imagens e a realização de encenações teatrais eram atividades privilegiadas pelo seu forte poder de agitação e propaganda. Valendo-me das definições de Silvana Garcia, no livro *Teatro da Militância*, o termo agitação associa-se ao sentido da

arregimentação e da mobilização em torno dos objetivos imediatos da Revolução (conquista definitiva dos territórios ocupados pelos contra-revolucionários, combate emergencial às conseqüências da guerra civil como a carência de alimentos, e divulgação dos acontecimentos)

e o termo propaganda condiz com a "construção do socialismo soviético (edificação dos costumes socialistas, encorajamento das cooperativas e elevação da produtividade)"[7].

Eisenstein pôde viver mais intensamente o fazer teatral, divulgando a causa revolucionária pelo interior da Rússia. A lista de desenhos para cenários de peças em que trabalhou durante a guerra civil é extensa[8]. São aproximadamente 75 peças, mas nem todas foram apresentadas. Mesmo assim, é incrível constatar a dedicação de Eisenstein ao teatro. No seu universo de trabalho e pesquisa figuram autores como Molière, Ben Jonson, o sempre presente Shakespeare, Ibsen, Strindberg, Maeterlinck, Aristófanes, Gógol, Tolstói, Zola, e ainda autores contemporâneos como o autor de teatro popular Romain Rolland, Lunatchárski e Maiakóvski. Na comédia de Arkady Avértchenko, *O Sósia*, até como ator Eisenstein chega a colaborar[9]. Este espetáculo foi apresentado na cidade de Velikie Luki

---

7. S. Garcia, *Teatro da Militância*, p. 12.
8. Cf. J. Leyda; Z. Voynow, *Eisenstein at Work*, p. 7-9.
9. Apresentada em nove de fevereiro de 1920. Em suas memórias, Eisenstein se refere à única crítica que teve quanto à sua atuação como ator numa peça apresentada em Velikie Luki, no final de 1919. Talvez se trate de sua performance em *O Sósia*:

onde Eisenstein dirigiu e elaborou a cenografia e o figurino de outros espetáculos amadores para o clube cultural da guarnição desse lugar[10].

Na verdade, como lembra Bulgakowa, o destacamento de Eisenstein ficava em áreas rurais perto da fronteira entre a Rússia e a Lituânia – Pskov, Izhora, Vozhega, Velikie Luki, Kholm, Dvinsk – longe da violência da guerra civil. Nesse contexto e com freqüentes pausas para descanso, Eisenstein pôde se entregar também aos estudos de teatro. Ainda segundo Bulgakowa, ele leu peças simbolistas e manifestos, propondo uma nova concepção de teatro: *Sobre Teatro*, de Meierhold, *Teatro como Tal*, de Nikolai Evrêinov, *A Revolução do Teatro*, de Georg Fuchs. Em seu diário, usado predominantemente como caderno de notas, o biógrafo Chklóvski revela que Eisenstein escreveu sobre o palco shakespeareano, sobre o teatro elisabetano[11], o kabuki, a *Commedia dell'Arte* e sobre as considerações de Kleist em relação às marionetes. Eisenstein dedicava especial atenção em suas anotações às questões relacionadas ao teatro e o seu espaço. Pensava na possibilidade dos cenários possuírem muitos andares, como as torres, bem como na apresentação em cena de todos os interiores de uma casa. Numa nota de 18 de maio de 1919, Eisenstein afirma que "*cada obra* deve ter não apenas seu próprio cenário, mas seu próprio teatro (toda a sala e a fachada inclusive!) sem falar dos princípios da encenação. Cada obra deve criar seu teatro"[12].

Diante da menção a dramaturgos, teóricos e encenadores tão variados, percebe-se que o "furor revolucionário" de Eisenstein, neste momento de consolidação da Revolução Bolchevique, estava concentrado em abarcar um vasto conhecimento teatral num pequeno espaço de tempo, em elaborar imagens de espetáculos ligados à tradição teatral, ao teatro moderno e ao teatro popular do Ocidente e da Europa Oriental, e motivado a pensar um novo teatro, sintonizado com os novos tempos. Eisenstein tinha voracidade de conhecimento e experiência. Aspeei a expressão "furor revolucionário" para dar ênfase ao encontro, à primeira

---

"Eu também tive uma única crítica a propósito de... minhas performances como ator. Sou loucamente orgulhoso dela.
Imagine um pouco! Não é apenas dito que 'todos os executantes (dentre os quais eu figuro) praticaram uma atuação audaciosamente exagerada', mas ainda que 'todos (e eu também, além do mais, era diretor – amador – deste espetáculo) se transformaram em excêntricos dignos do circo!'". S. Eisenstein, *Mémoires*, p. 88-89.

10. *O Processo* de Gógol, *Marat* de N. Nikolaiev, *A Tomada da Bastilha* de Romain Rolland, e *Georges Dandin* de Molière.

11. Sobre Eisenstein e o teatro elisabetano, ver Lary, Eisenstein and Shakespeare, em I. Christie; R. Taylor (orgs.), *Eisenstein Rediscovered*, p. 140-150. Em 1921, como aluno de Meierhold no GVYRM, Eisenstein teve aulas com Ivan A. Axionov, especialista em teatro elisabetano, de quem virou amigo e consagrou-lhe uma monografia. Segundo Albera, Axionov teria reavivado o interesse de Eisenstein por Ben Jonson. Albera, em S. M. Eisenstein, *Le Mouvement de l'art*, p. 267 (notas).

12. S. M. Eisenstein apud V. Shklovsky, *Eisenstein,* p. 97.

vista conflitante, de Eisenstein com várias tradições teatrais e com a Revolução. Certamente, a revolução vivida por Eisenstein não se restringe ao seu encontro com o teatro, abrange também a sua experiência em meio a uma revolução política, econômica, cultural, artística e mesmo familiar, já que ele e seu pai tomaram partidos diferentes na guerra civil. É nos primeiros anos da década de 1920, quando figura como encenador, teórico teatral e um dos principais artistas da vanguarda soviética, que Eisenstein vai objetivar fazer tábula rasa do que um dia se chamou arte, assim como o bolchevismo se prestou a destruir todas as instituições ligadas ao tzarismo.

A concepção de arte para Eisenstein sempre refletirá a sua experiência revolucionária. Ao tratar do cinema soviético em suas memórias, Eisenstein refere-se ao mesmo como atividade guerreira, como arma, pois no âmbito do cinema também se daria um confronto entre ideologias inimigas. É nesse sentido, segundo ele, que a arte pode ser entendida como uma das faces da violência. Arte como *estética operacional*. Arte como um instrumento de reeducação e de influência sobre as pessoas[13]. Essa disposição agressiva vale também para sua atividade no teatro, transformando-o em "local de apresentação de experiências que visam a elevar o nível organizacional da vida cotidiana das massas"[14] e onde "deveriam ser criadas obras tão violentas, tão impregnadas de realidade que à sua visão o espectador se cansaria da Arte e preferiria, a ela, o drama da própria realidade"[15].

ALUNO DE MEIERHOLD

Visando uma formação teatral mais sólida, uma experiência prática que livro algum poderia lhe dar, Eisenstein entra em setembro de 1921 nos Laboratórios Estaduais Superiores de Encenação (GVYRM)[16], a escola de Meierhold, encenador cujas realizações Eisenstein estudava há tempos com admiração.

Depois da realização do espetáculo *Mascarada* (1917) – que causou uma impressão definitiva em Eisenstein – Meierhold, em movimento constante de renovação, de diretor dos Teatros Imperiais passou a diretor do Departamento Teatral (TEO) – inicialmente da seção de Petrogrado e depois da seção de Moscou – do Comissariado do Povo para a Instrução Pública (NARKOMPROS). Meierhold estava então à frente do teatro soviético. Ele criou o Teatro N. 1 da República Socialista Federativa Soviética Russa (RSFSR) e lançou o *Outubro*

---

13. S. M. Eisenstein, *Mémoires*, p. 53.
14. S. M. Eisenstein, Montagem de Atrações, em I. Xavier (org.), *A Experiência do Cinema*, p. 187.
15. M. Seton, *Eisenstein*, p. 98.
16. No início de 1922, o GVYRM se funde com o laboratório de "Técnica do Ator" e passa a se chamar GVYTM: Laboratórios Estaduais Superiores de Teatro.

teatral, um movimento que se pretendia equivalente à Revolução de Outubro no âmbito das artes em geral. Sob os auspícios de Meierhold, os representantes da autodenominada "esquerda artística" – isto é, aqueles artistas cujas concepções já se mostravam inovadoras antes mesmo da Revolução e que estavam dispostos a colocar a arte a serviço do povo – deveriam suplantar os "direitistas", representantes do velho, do ultrapassado, enfim, do conservadorismo na arte. Em 1921, o fechamento do Teatro N. 1 da RSFSR, o fim do *Outubro teatral* e a saída de Meierhold da direção do TEO parecem ter se dado justamente pelo radicalismo de suas idéias em contradição com a política cultural do Partido Comunista, a qual não se identificava com os procedimentos artísticos da vanguarda soviética e que previa mesmo a "preservação dos melhores teatros do passado, que merecem toda a atenção do Estado, como guardiões das tradições artísticas"[17].

No GVYRM e, em 1922, no GVYTM (Laboratórios Estaduais Superiores de Teatro), Meierhold pôde dar continuidade às suas pesquisas de linguagem teatral. Nesses laboratórios, Eisenstein tem aulas de direção e de biomecânica.

Quanto às aulas de direção teatral, é o colega de curso de Eisenstein, Serguei Iutkévitch, quem nos descreve um pouco do clima em sala de aula e dos objetivos de Meierhold:

[Meierhold] queria estabelecer uma teoria puramente científica: "A teoria da criação de um espetáculo". Afirmava que todos os processos de criação de um diretor deviam resumir-se em fórmulas. E nos incitava a traçar esquemas, a elaborar uma espécie de sistematização científica de todos os estágios do nascimento do espetáculo.

Exaltava-se muito. E improvisava à medida que falava. Dava assim a imagem de uma espécie de diretor ideal que, segundo ele, devia dirigir por si mesmo seu espetáculo, da mesma forma que um maestro de orquestra. Desenhava à nossa frente a mesa de operações de um teatro, munida de uma inumerável quantidade de alavancas e botões, à qual o diretor se sentava em um banco.

O diretor teatral devia, segundo seu entendimento, "escutar com ouvido atento as reações da sala e, por meio de um sistema extremamente complexo de sinais, modificar o ritmo do espetáculo de acordo com as reações dos espectadores". Sonhava com a possibilidade de acelerar ou desacelerar o ritmo da própria atuação do ator: "Se hoje – dizia – o público aceita esta pausa, prolonguem-na. Para tanto, será suficiente que apertem este botão aqui!"

Era interessante observar este improvisador nato esforçando-se em inculcar-nos um sistema que, segundo suas declarações, não podia dar espaço a nenhum imprevisto[18].

O gosto pela exatidão e a preocupação com uma "ciência artística" são seguramente atitudes que Eisenstein privilegia durante todo seu percurso artístico. Contudo, Iutkévitch revela que seu colega de curso teria se cansado de "traçar círculos e quadrados" e que teria

---

17. Anatóli Lunatchárski apud K. Rudnitski, *Théâtre russe et soviétique 1905-1935*, p. 59.

18. S. Yutkévitch, em L. Schnitzer; J. Schnitzer; M. Martin, *Cine y Revolución*, p. 25-26.

instigado Meierhold a ficar depois do horário das aulas, contando-lhes sobre as suas encenações (com destaque para a então cultuada montagem de *Barraca de Feira*, peça de Aleksandr Blok, encenada em 1906), sobre a sua experiência concreta como diretor. Estas conversas acabaram tomando o lugar dos "esquemas" e se transformando no assunto principal das aulas. "Eisenstein", escreve Iutkévitch, "dizia sempre que através dos relatos de Meierhold alcançou a compreensão do que era uma encenação"[19].

Em suas memórias, quando escreve sobre essas aulas, Eisenstein nos apresenta Meierhold como um titereiro que fazia surgir, diante dos olhos dos alunos encantados, Ida Rubinstein em *Pisanella*, a "cena da morte" do *Inspetor Geral*, o terno do arquivista Lindhorst sentado à mesa[20]. Entretanto, Eisenstein, na seqüência desse mesmo texto, vai criticar justamente essa "mágica" do seu professor, pois ela nada revela, não vasculha nem penetra o cerne da questão da criação artística. Para Eisenstein, a preocupação de Meierhold com uma "ciência artística" não passava de empirismo puro, não se refletindo numa prática e numa metodologia. No necrológio que Eisenstein escreve para Meierhold – quando, no México, em 1931, recebe a falsa notícia de que este haveria morrido durante uma turnê teatral no estrangeiro –, a "falta trágica" do seu professor, para usar a expressão de Leonid Kozlov, é assim descrita:

> A experiência de Meierhold. Eis um exemplo daquilo que, como a tradição dos magos, poderia ter sido conservado na experiência viva da coletividade que lhe cercava.
> A experiência de Meierhold desaparece com ele. Como a atuação de um pianista morto.
> A teoria e a prática de Meierhold são indivisíveis. Mas não no sentido pelo qual se entende a dialética.
> Meierhold não tinha método de análise da sua própria criação instintiva.
> Ele não tinha também síntese, conhecimentos metódicos. Ele podia "mostrar" qualquer coisa, mas não podia "explicar" nada.
> A pletora de suas ocupações lhe afastava sempre da meditação e da análise daquilo que havia sido feito[21].

Eisenstein pretendia ser mais "científico" do que Meierhold. E foi no terreno da biomecânica e da análise da expressividade do ator que se deu a maior batalha entre os dois artistas. A biomecânica consistia num sistema de treinamento do ator concebido por Meierhold logo após a Revolução Russa de 1917 e visava o desenvolvimento e a ampliação do vocabulário expressivo do ator. Meierhold entendia o ator como fundamento da linguagem artística teatral. Seria através dos seus movimentos plásticos que seria revelado todo o potencial expressivo do jogo

19. Idem, p. 27.
20. S. M. Eisenstein, *Mémoires*, p. 120-121.
21. Eisenstein apud L. Kozlov, De l'Hypothèse d'une dédicace secrète, em *Cahiers du cinéma*, 226-227, p. 61.

cênico. A expressividade dos movimentos exigia da parte do ator a passagem por um treinamento físico exaustivo envolvendo "a ginástica, as acrobacias, a dança, a dança rítmica, o boxe, a esgrima"[22] para assim dominar com maestria sua "máquina corporal"[23]. Apesar de não possuir porte atlético, Eisenstein se sobressai nas aulas de biomecânica e é, inclusive, convidado a ensiná-la a outros estudantes. Meierhold também o designa como líder do grupo de pesquisa do projeto de uma enciclopédia teatral para a qual Eisenstein deve adaptar a terminologia do teatro japonês e escrever um artigo sobre movimento expressivo. Meierhold acaba estimulando Eisenstein a criar uma base teórica e científica para a biomecânica. Entretanto, no artigo "Movimento Expressivo", que será escrito por Eisenstein e Tretiakóv em 1923[24], estão as bases de uma biomecânica eisensteiniana própria, se assim posso dizer.

A teoria eisensteiniana do *movimento expressivo* corresponde ao próprio sistema de treinamento do ator de Eisenstein, ou melhor, ao seu entendimento de como se dá o processo de criação e de atuação do ator, sempre tendo em vista a realização dos movimentos mais expressivos. Este texto de Eisenstein e Tretiakóv é praticamente um resumo do livro *Ausdrucksgymnastik* (Ginástica Expressiva) de Rudolf Bode[25], publicado em 1922. Nele, Rudolf Bode interpreta o movimento expressivo como um movimento-conflito entre duas forças, a alma e o espírito, que Eisenstein vai considerar como sendo um conflito entre movimento reflexo e movimento consciente, respectivamente. Eisenstein combina esse conceito do movimento expressivo com o seu próprio conceito de *atração* ("efeito psicológico, previamente calculado, sobre o espectador"[26]) e com a prática biomecânica de Meierhold. Apesar de aparentemente ter um lugar de menor destaque na teoria teatral e cinematográfica de Eisenstein, o conceito de *movimento expressivo* subjaz a todos outros conceitos pelos quais Eisenstein é mais conhecido e estudado: *montagem* (em suas várias acepções), *atração, pathos, êxtase, obra orgânica*.

Eisenstein considerava que tinha ido muito mais além do que Meierhold no estudo da expressividade do ator. "O ponto é que a Biomecânica", ensina Eisenstein aos seus alunos do Instituto de Estudos Cinematográficos, "é o primeiro passo em direção ao

---

22. V. E. Meyerhold, *Textos Teoricos*, v. 1, p. 296.
23. A. Cavaliere, *O Inspetor Geral de Gógol/Meyerhold*, p. 109.
24. Parte deste texto foi publicada na revista *Millenium Film Journal*, n. 3, 1979 e, mais recentemente, o texto inteiro foi publicado ao lado de outros textos inéditos de Eisenstein em A. Law; M. Gordon, *Meyerhold, Eisenstein and Biomechanics*.
25. Rudolf Bode (1881-1970), professor alemão do "movimento expressivo", aluno do suíço Émile Jacques-Dalcroze que criou o método eurrítmico, fundou o Instituto de Ritmo e Movimento em Munique, em 1911.
26. S. M. Eisenstein; S. Tretiakov, Expressive Movement, em A. Law; M. Gordon, op. cit., p. 187.

Movimento Expressivo. Além desse primeiro passo, que basicamente não era muito grande, o próprio Meierhold nunca foi"[27]. O ponto é que Eisenstein desenvolveu uma forte rivalidade com Meierhold, que durou toda a sua vida. Conforme Bulgakowa, no dia 23 de novembro de 1928, Eisenstein leu um artigo acerca da "cineficação" do teatro meierholdiano e fez uma lista das coisas que o ex-professor teria roubado dele. Chega a considerar a biomecânica uma invenção sua e não de Meierhold[28]. Desde sempre, Eisenstein se preocupou com a criação de sua própria escola, do seu próprio sistema artístico. Em suas memórias, ele cita William Blake: "Devo criar um sistema ou ser escravizado por aquele de um outro Homem"[29].

Não se pode deixar de mencionar que Meierhold tinha uma personalidade extremamente difícil. Era intolerante não apenas em relação a rivais, como o encenador Aleksandr Taírov, mas no trato com seus próprios alunos que viriam a ser, segundo ele, seus próximos rivais. Ripellino escreve que se poderiam lavrar matérias inteiras de revistas de fofocas sobre os vínculos de Meierhold com seus alunos, tratando de desconfianças, ciúmes, e ressentimentos[30]. Kozlov lista as características negativas de Meierhold apontadas por Eisenstein em suas memórias: "Perfídia. Intrigas. Desequilíbrio de caráter. Astúcia. Segredinhos venenosos. Isolamento irônico. Desacordo interior"[31]. Segundo Bulgakowa, Eisenstein não passou imune à tirania de Meierhold. Ele escrevia no seu diário pessoal sobre os incidentes no GVYRM/GVYTM. Em uma de suas notas do ano de 1923, Eisenstein descreve Meierhold da seguinte maneira:

> O saturnalismo de M[eierhold]: ele devora suas crianças e repudia aquelas que ainda não terminaram seus estudos se mostram o menor sinal de independência. M. não criou nem uma escola, nem um coletivo. Eu vim a ele com muita experiência e ele passou o inverno contando anedotas[32].

De fato, Eisenstein enxergava na sua relação com o seu professor uma espécie de repetição da relação deste com Kostantin Stanislávski[33], criador, em 1898, juntamente com Nemiróvitch-Dântchenko, do Teatro de Arte de Moscou. Revoltado contra a estrita obediência realista deste teatro, Meierhold, que era então ator do Teatro de Arte de Moscou, rompe com Stanislávski e monta seu próprio grupo teatral. Apesar de sustentarem concepções estéticas opostas, chegaram mesmo a montar

---

27. S. M. Eisenstein, Lecture on Biomechanics, March, 28, 1935, em A. Law; M. Gordon, op. cit., p. 206.
28. O. Bulgakowa, op. cit., p. 31.
29. William Blake apud S. M. Eisenstein, *Mémoires*, p. 64.
30. A. M. Ripellino, *O Truque e a Alma*, p. 404.
31. L. Kozlov, op. cit., p. 64.
32. S. M. Eisenstein apud O. Bulgakowa, op. cit., p. 31.
33. S. M. Eisenstein, *Mémoires*, p. 312.

juntos, em 1905, o Teatro-Estúdio e, em 1938, Meierhold é convidado por seu antigo mestre a ocupar o cargo de diretor do Teatro de Ópera Stanislávski. Quanto à relação entre Eisenstein e Meierhold, um bilhete escrito por Zinaída Raikh – esposa deste, atriz e professora de biomecânica –, para Eisenstein, serve como justificativa anedótica para o rompimento entre os dois encenadores. No bilhete, Zinaída instiga Eisenstein a deixar Meierhold, "assim como Meierhold um dia deixou Stanislávski", pois Eisenstein como pupilo já havia superado seu professor[34]. Mas vale ressaltar que Eisenstein ainda retornou para os Laboratórios de Meierhold seis meses depois desse primeiro rompimento, ocorrido no final de 1922, mas foi expulso, reprovado na apresentação de um trabalho. A ruptura com Meierhold parece ter sido bem dramática, o suficiente talvez para Eisenstein se ver, enfim, fazendo parte dessa "tradição" (de ruptura) de grandes mestres.

Meierhold foi preso em junho de 1939. Três semanas depois, sua esposa, Zinaída Raikh, foi encontrada decapitada no apartamento do casal. No dia dois de fevereiro de 1940, Meierhold foi executado em Moscou, sob suspeita de trotskismo e de espionagem em favor da Inglaterra e do Japão. Mesmo correndo um certo risco diante da linha dura do governo stalinista, Eisenstein, a pedido da enteada de Meierhold, Tatiana Esenina, concordou em esconder o arquivo pessoal do seu professor. Law e Gordon observam que finalmente, com os papéis de Meierhold em mãos, Eisenstein teve a oportunidade de investigar os "segredos" artísticos que Meierhold havia lhe recusado a revelação. Nos últimos anos de sua vida, Eisenstein carregava sempre consigo uma parte desse arquivo para refletir à medida que trabalhava no seu último filme, *Ivan o Terrível*[35].

E foi assim que, em suas memórias, Eisenstein prestou homenagem a quem considerava ser seu "segundo pai":

E devo dizer que nunca amei, adorei e venerei ninguém como o meu professor.
[...]
Pois sou indigno de desfazer os laços de suas sandálias, se bem que ele calçava botas de feltro nos ateliês de encenação não aquecidos do bulevar Novinski.

E até minha velhice, eu me julgarei indigno de beijar suas pegadas, se bem que suas faltas como homem tenham provavelmente apagado das páginas da história de nossa arte teatral as suas pegadas como mestre – nosso maior mestre em teatro.

E não é possível viver sem amar, sem adorar, sem se apaixonar e sem admirar.
Era um homem arrebatador[36].

---

34. "Eu considero essencial que você deixe Meierhold, assim como Meierhold um dia deixou Stanislávski. Você amadureceu. Eu sugeriria que você terminasse seus estudos agora. Quando o pupilo não é meramente igual ao seu professor, mas superior, então é melhor para o pupilo ir embora" (Dezembro de 1922). Z. Raikh apud A. Law; M. Gordon, op. cit., p. 80.

35. A. Law; M. Gordon, op. cit., p. 91. L. Kozlov, op. cit., p. 66.

36. S. M. Eisenstein, *Mémoires*, p. 119.

Mesmo utilizando um tom exagerado e irônico, bem à sua maneira de se distanciar emocionalmente dos assuntos íntimos, raramente tratados em suas memórias, é unicamente para Meierhold que Eisenstein faz declaração tão exaltada.

ENCENADOR E PROFESSOR DO PROLETKULT

Em setembro de 1920, desmobilizado, Eisenstein é enviado para a Academia Militar de Moscou para estudar japonês. Segundo Bulgakowa, seu objetivo maior era partir para o Japão, depois de dois anos de estudos. Nessa mesma época, Eisenstein conhece Valiéri Smichliáiev, diretor do *Peretru* (trupe ambulante do Proletkult de Moscou), que o convida para assumir a função de cenógrafo-chefe no Primeiro Teatro Operário do Proletkult, em Moscou. No início de dezembro, uma comissão especial constatou que Eisenstein não era oficialmente um membro do Exército, sendo assim inviável a continuidade dos seus estudos de japonês na Academia. Expulso, Eisenstein pôde se dedicar ainda mais às suas atividades no Proletkult.

Proletkult é a contração de *Proletarskaia Kultura* cuja tradução para o português seria algo como Cultura do Proletariado. Criada em setembro de 1917, pelo Conselho Central dos Comitês de Fábrica, esta organização independente, como o nome sugere, objetivava a difusão da cultura entre os trabalhadores e, sobretudo, a criação de uma nova cultura proletária – "sobre as cinzas da cultura burguesa moribunda"[37] –, de uma cultura autônoma em relação ao Estado. As pretensões do Proletkult entravam em confronto com a política cultural do Partido. Este, como escreve Silvana Garcia[38], apesar de apoiar e de se inspirar nas iniciativas independentes, vislumbrava uma função instrumentalista das ações culturais do movimento espontâneo, encarando com muita desconfiança o seu desenvolvimento. Lênin, por exemplo, colocava-se completamente contra "toda tentativa de inventar uma cultura particular"[39] e contra o nascimento de uma cultura proletária desvinculada da tradição burguesa. Naquele momento, seriam mais importantes a alfabetização das massas e a formação de uma cultura de base, ancorada na cultura do passado. Por outro lado, como observa Arlindo Machado, a força política do Proletkult se constituiu numa verdadeira ameaça ao poder hegemônico do Partido. Em 1920, o Proletkult já contava com aproximadamente meio milhão de membros, ao passo que o Partido tinha 620 mil[40]. Com a intensificação do controle do Estado, o Proletkult perdeu sua autonomia e, em 1922, passou à tutela dos sindicatos.

---

37. M. Seton, op. cit., p. 77.
38. S. Garcia, op. cit., p. 7-8.
39. Lênin apud S. Garcia, op. cit., p. 8.
40. A. Machado, *Eisenstein*: geometria do êxtase, p. 10-11.

Como artista atuante dentro do Proletkult, Eisenstein, "desde os primeiros anos da revolução", como bem aponta Machado, "já estava colocado no fogo cruzado entre o pragmatismo da cúpula dirigente e a radicalidade dos grupos culturais de vanguarda"[41].

O primeiro trabalho profissional de Eisenstein no Proletkult ocorreu na montagem de *O Mexicano* (1921), adaptação de Smichliáiev e de Boris Arvatov de um conto de Jack London, espetáculo em que Eisenstein dividiu a concepção do cenário e do figurino com o artista Leonid Nikitin, e a encenação com Smichliáiev. Apesar da boa recepção da peça, Eisenstein se sentia frustrado por não poder realizá-la da maneira que desejava, tendo que trabalhar com as concepções teatrais de Smichliáiev que, aluno de Stanislávski (diretor do Teatro de Arte de Moscou), guiava-se pelo sistema de criação do ator pensado por seu mestre. Eisenstein tentou, em 1922, debutar como diretor com o texto *O Pote de Ouro*, de E.T.A. Hoffmann, mas teve seu *début* adiado, pois esta dramatização foi censurada.

Paralelamente às atividades no teatro de Meierhold e no Proletkult, Eisenstein desenha figurinos para as então famosas paródias teatrais de Nikolai Foregger no MASTFOR (Ateliê Teatral de Foregger) graças ao intermédio de seu colega de curso, Serguei Iutkévitch, responsável pelo cenário. Iutkévitch também é um dos jovens fundadores da FEKS (Fábrica do Ator Excêntrico), juntamente com Grigóri Kózintzev, Leonid Trauberg, Gueórgui Krijítzki, um grupo de teatro de Petrogrado, que convida Eisenstein e Iutkévitch para realizar alguma produção sob os auspícios da Fábrica. A dupla de cenógrafos planeja a montagem de *A Liga da Colombina*, adaptação da pantomima em três atos de Arthur Schnitzler, com música de Ernst von Dohnany. O próprio Meierhold havia montado essa pantomima em 1910, sob o título de *A Echarpe da Colombina*.

Um mês antes da estréia da peça *A Morte de Tariélkin*, na qual trabalhou como assistente de direção de Meierhold, seu último trabalho com o mestre, em outubro de 1922, Eisenstein foi designado diretor do *Peretru* do Proletkult de Moscou. Lá pôde cuidar do seu próprio programa de treinamento do ator – concentrado nos métodos da biomecânica meierholdiana e na ginástica expressiva de Rudolf Bode –, e ensaiar a primeira produção em que finalmente atuava como diretor: *O Sábio* (1923), adaptação de Serguei Tretiakóv do clássico de Ostróvski, *Todo Homem Sábio é Bastante Estúpido*. A escolha por um texto de Ostróvski atendia ao chamado feito por Lunatchárski – "Voltemos aos clássicos!" –, por ocasião da comemoração de cem anos do nascimento do dramaturgo. Esta era uma proposta de "modernização" dos clássicos pelos teatros "esquerdistas". *O Sábio* servirá de base para o manifesto "Montagem

41. Idem, p. 10.

de Atrações", publicado no terceiro número da revista *Lef* (Frente Esquerda das Artes)[42]. Neste manifesto, Eisenstein propõe um novo método de construção do espetáculo teatral – evocando os princípios da encenação utilizados no circo, no *music-hall*, no Grand-Guignol e no cinema –, com o objetivo maior de provocar "choques emocionais" no espectador para que este perceba "o aspecto ideológico do espetáculo apresentado, sua conclusão ideológica final"[43]. Em outras palavras: os estímulos do espetáculo devem ser combinados de modo a propiciar ao espectador a intelecção do significado final daquilo que foi apresentado. Na proposta de um espetáculo de atrações, Ismail Xavier identifica uma ruptura com o projeto ilusionista ao transformar a estória e o que há de "representação dos fatos" em mais uma atração, entre outras. Ou seja, ainda conforme Xavier, no teatro, Eisenstein pretende manipular o texto, como no cinema irá manipular as imagens[44].

Eisenstein monta mais dois textos de Tretiakóv: *Escuta, Moscou?* (1923), um *agit-guignol*, que, ao lado de *O Sábio*, trouxe bastante popularidade para Eisenstein, e *Máscaras de Gás* (1924), "melodrama de agitação", espetáculo que foi um fracasso tanto de público quanto para o próprio Eisenstein, que considerou ter extrapolado os limites do teatro. As experiências formais que Eisenstein vinha realizando no teatro parecem encontrar no cinema a técnica artística ideal em função das possibilidades que este último apresentava de trabalhar o dinamismo, a descontinuidade, a simultaneidade, a deformação, a fragmentação, como também a organicidade da obra artística. O cinema teria uma maior influência sobre o espectador, atingindo-o emocionalmente de forma mais poderosa.

Cenógrafo, figurinista, diretor, professor, teórico – Eisenstein teve uma atividade intensa no teatro. É neste período de sua carreira artística que surgem as suas teorias do *movimento expressivo* e da *montagem de atrações*, fundamentais também para a compreensão do cinema (teoria e realização) de Eisenstein.

CINEASTA E PROFESSOR DE CINEMA

É no âmbito da arte cinematográfica que Eisenstein ganhará fama mundial realizando filmes como *A Greve* (1924), *Encouraçado Potemkin* (1925), *Outubro* (1927) e *Ivan o Terrível* (a primeira parte de 1944 e a segunda de 1946), e produzindo uma rica e complexa obra teórica, que

---

42. A revista *Lef* era dirigida por Maiakóvski e editada pela organização igualmente nomeada L.E.F., que reagrupava, a partir de 1923, alguns artistas, escritores e críticos "de esquerda", dissidentes do Proletkult em sua maioria. A L.E.F. durou até 1926, e cedeu o lugar, em 1927, à *Novy L.E.F.*, que durou dois anos.
43. S. M. Eisenstein, Montagem de Atrações, em I. Xavier (org.), op. cit., p. 189.
44. I. Xavier, *O Discurso Cinematográfico*, p. 107-108.

sempre esteve atrelada à sua prática artística e na qual trata não apenas de cinema, mas também de literatura, artes plásticas, música e de sua primeira incursão artística de envergadura: o teatro. "Em verdade", observa Xavier, "sua teoria do cinema deriva de sua teoria do teatro, e todo o seu percurso é um corpo a corpo com a questão geral do espetáculo e seus critérios, seja no palco ou na tela"[45]. Isso fica ainda mais patente na postura de pedagogo de Eisenstein.

Desde 1928, Eisenstein desempenhará atividade como professor do Instituto de Estudos Cinematográficos de Moscou (GTK, futuro GIK, renomeado VGIK em 1934), onde será titular da cadeira de Realização, a partir de 1932, com pausas na docência para realizar filmes ou por afastamento forçado – o que ocorreu em meados de 1937, seguindo-se à condenação do seu filme *O Prado de Bejin* –, mas sendo reintegrado em 1939.

Eisenstein escreve no texto "Sirva-se!" o que seria um dos fundamentos do seu "Programa de ensino da teoria e da técnica da realização":

E o estudo do cinema deve continuar inseparável do estudo do teatro.
Construir a cinematografia a partir da "idéia de cinematografia", e de princípios abstratos, é bárbaro e estúpido. Apenas através da comparação crítica com as formas primitivas mais básicas do espetáculo é possível dominar criticamente a metodologia específica do cinema[46].

Partindo desse princípio, antes dos futuros diretores aprenderem sobre a montagem e a imagem cinematográfica, eles precisavam adquirir uma percepção básica de movimento, espaço, tempo e ritmo, ter noções de biomecânica e dedicarem um ano inteiro ao estudo do movimento expressivo. É bom saber que a maioria dos estudantes de Eisenstein era originária de famílias de operários e agricultores, com um mínimo de educação, deixando a desejar quanto ao conhecimento de história da arte, literatura e teatro. "Eisenstein", escreve Bulgakowa, "acreditava que ele tinha primeiramente que trabalhar para desenvolver suas personalidades, seus corpos e espírito, e treiná-los para perceber as coisas"[47]. Nessas aulas, Eisenstein sempre contava com a participação de atores, de cenógrafos de teatro, de músicos, de historiadores da arte, de psicólogos. Segundo o seu aluno Nijny, Eisenstein teria dito, uma vez, amar "dar uma aula a duas vozes"[48].

Vale acrescentar que depois do seu retorno à URSS (União das Repúblicas Socialistas Soviéticas), em 1932, após sua viagem de três

45. *O Olhar e a Cena*, p. 70-71.
46. S. M. Eisenstein, *A Forma do Filme*, p. 88.
47. O. Bulgakowa, op. cit., p. 164. A título de curiosidade: em 1936, um dos alunos inscritos para os seminários em inglês, ministrados por Eisenstein no GIK, chamava-se Samuel Beckett.
48. S. M. Eisenstein; V. Nijny, *Leçons de mise en scène*, p. 35.

anos pela Europa, Estados Unidos e México, Eisenstein se dedica com afinco à docência e à atividade teórica. Segundo Marie Seton, a teoria para Eisenstein parecia agora mais importante do que qualquer outro filme que viesse a realizar[49]. "Ele", escreve Bulgakowa, "estava profundamente convencido do significado do seu trabalho teórico e da sua utilidade prática. O objetivo final da sua pesquisa era determinar a fórmula exata da criação de uma obra de arte eficaz e brilhante"[50]. Para tanto, Eisenstein se entregava ao estudo da psicologia, da antropologia cultural, da história da arte e do misticismo religioso.

Esse relativo isolamento, entretanto, foi duramente criticado. Durante a sua viagem ao estrangeiro, Eisenstein já era visto com desconfiança pela Associação de Escritores Soviéticos (RAPP), que considerava sua origem burguesa e orientação intelectual "elitista" impedidoras de uma real compreensão da Revolução Socialista. Em 1935, no 1º Congresso dos Trabalhadores da Cinematografia Soviética, Eisenstein foi acusado, dentre outras coisas, de "fechar-se numa torre de marfim, recusar-se a fazer filmes e se abster do trabalho de construção do socialismo"[51].

Por outro lado, a adoção do modelo artístico oficial do stalinismo, o Realismo Socialista, não cedia espaço para experimentações formais. A teoria da montagem eisensteiniana foi então alvo de críticas contundentes por parte da intelectualidade e da burocracia da época, pois era considerada formalista. O termo formalismo, cujo sinônimo era meierholdismo[52], foi usado desde 1933 em oposição ao Realismo Socialista. "Para Eisenstein", como bem escreve Arlindo Machado, "a arte era, antes de mais nada, produção de sentido e, por isso mesmo, reduzi-la a um puro 'reflexo' mecânico da natureza ou da sociedade significava ocultar o seu papel ideológico real, que seria preencher de sentido o mundo"[53]. Em 1937, essa campanha antiformalista dirigida a Eisenstein culminou com a suspensão da filmagem de *O Prado de Bejin* e com a destruição dos negativos do filme[54]. Eisenstein, em sua autocrítica forçada, reconhece os seguintes erros formalistas do filme: enquadramento deformador, distorção provocada

---

49. M. Seton, op. cit., p. 168.
50. O. Bulgakowa, op. cit., p. 168.
51. A. Machado, op. cit., p. 19.
52. O. Bulgakowa, op. cit., p. 181. Na conferência "Meierhold contra o Meierholdismo", pronunciada a 14 de março de 1936, Meierhold se insurge contra alguns encenadores da época que imitavam seus procedimentos artísticos. Para qualquer experimentação de distorção de texto, por exemplo, era atribuída a responsabilidade a Meierhold. Este recusava as acusações de formalismo e defendia o seu direito de experimentar e reler os clássicos de modo insólito.
53. A. Machado, op. cit., p. 18.
54. Deste filme, só resta uma série de fotogramas que foi montada em duas versões diferentes (1967) por Naum Kleiman e Serguei Iutkévitch.

por efeito de iluminação, ênfase no cenário em detrimento dos atores e, ao invés de um rosto vivo, a recorrência a máscaras, tipos.

De 1935 a 1938, Eisenstein encontra-se na "corda bamba", para usar a expressão de Jacques Aumont[55]. Vale ainda acrescentar que Eisenstein era filho de pai judeu e suspeito de homossexualismo: um sujeito com pré-requisitos suficientes para ser mandado ao pelotão de fuzilamento naquela época. Talvez, se não houvesse realizado *Alexander Nevski*, em 1938, não tivesse escapado de ser assassinado, como vários de seus compatriotas. Ele faleceu aos 50 anos de idade de um ataque cardíaco fulminante.

Depois dessa breve contextualização artística e política da figura de Eisenstein, volto às relações entre o cinema e o teatro em sua obra. O seu primeiro longa-metragem, *A Greve* (1924), traz muito das suas experiências teatrais desenvolvidas no Proletkult. Neste filme, Eisenstein contrapõe a massa de trabalhadores, retratados de forma realista, a espiões, donos de fábrica e vagabundos "excêntricos", retratados bem de acordo com o humor cômico-grotesco de *O Sábio* (1923). As *atrações* também estão lá, em seus vários sentidos, tais como: no sentido de performance – número de canto e música, apresentação de ursos marchando, a dança de um casal de anões, pantomima de circo; no sentido da violência grand-guignolesca – o suicídio de um operário, o abate do boi, os grevistas pisoteados pelos cavalos dos soldados; no sentido de "ação insólita geradora de impacto", como bem definiu Machado a *atração* eisensteiniana, citando o exemplo da seqüência de apresentação do lumpemproletariado, em suas palavras, uma "pantomima de circo, bizarra e alucinante"[56].

Outro filme importante para se pensar as relações entre cinema e teatro na obra de Eisenstein são as duas partes de *Ivan o Terrível* (1944 e 1946), o último filme do cineasta. No belo artigo "Da Hipótese de uma Dedicação Secreta", Kozlov escreve sobre a importância de Meierhold na composição do último filme de Eisenstein. A caracterização física e psicológica da personagem de Ivan deveria muito à figura de Meierhold. E ainda:

O filme de Eisenstein *Ivan o Terrível*, não seria ele – com sua incrível riqueza cultural, com sua estrutura musical, com seu estilo plástico particular da atuação dos atores, com uma grande quantidade, parece, de decisões e de achados inimagináveis para o cinematógrafo – a regeneração da herança de Meierhold, de sua experiência, em um novo grau? E não se pode assim explicar o que chamamos de "atitude teatral", que não foi explicada até agora, desta realização, pelo fato de que no caso presente, o cinema de Eisenstein encerra em si o teatro de Meierhold, levando-lhe a aceitar as leis do cinematógrafo?[57]

---

55. J. Aumont, *Montage Eisenstein*, p. 38.
56. A. Machado, op. cit., p. 38.
57. L. Kozlov, op. cit., p. 66.

Neste trabalho, apesar de não analisar exclusivamente a "herança de Meierhold" presente na obra de Eisenstein, certamente o nome de Meierhold é muitas vezes aqui evocado por ser uma referência artística forte para Eisenstein, podendo ser a obra deste vista em constante tensão/diálogo com a do seu grande mestre.

A "atitude teatral" de *Ivan o Terrível* e as *atrações* teatrais de *A greve* não esgotam as relações existentes entre o cinema e o teatro na obra de Eisenstein. Em seus outros filmes, a referência mais direta a uma teatralidade seria ao trabalho dos atores, mas a própria maneira de Eisenstein pensar a montagem e a composição da imagem cinematográfica está ligada a algumas concepções artísticas próprias à sua experiência teatral. Assim, é claro, como seu teatro também estava impregnado de uma maneira de pensar cinematográfica, ligada às experiências da época. Enfim, é sempre uma via de mão-dupla. (Ou talvez seja melhor, no final das contas, continuando na metáfora do trânsito, pensar numa avenida com vários planos e múltiplas mãos, dadas as possibilidades de reflexão abertas pela obra de Eisenstein).

MAIS UMA VEZ, ENCENADOR TEATRAL

Depois de *A Greve*, Meierhold insiste para que Eisenstein não abandone inteiramente o teatro em favor do cinema e chega mesmo a oferecer algumas peças, que o próprio Meierhold pretendia realizar como encenador – *Hamlet*, *O Inspetor Geral* e *Woe from Wit* –, para que o seu ex-aluno monte com total independência no Teatro Meierhold (TIM)[58]. Mas é só em 1934, depois do fracasso das filmagens de *Que Viva México!*, que Eisenstein vai trabalhar num projeto de encenação para o Teatro da Revolução, chegando mesmo a ser publicada, num jornal de Leningrado, uma entrevista com Eisenstein intitulada "Por Que Eu Desisti do Cinema".

A peça que Eisenstein montaria era *Moscou 2*, texto de Nathan Zarkhi. É Bulgakowa quem conta o enredo da peça:

> Havia seis personagens na peça: cinco pessoas e uma pedra. O tema era a confrontação do herói com seu monumento, uma situação que Eisenstein julgou ser de certa forma autobiográfica. O herói era um trabalhador-ativista para quem um monumento foi erigido na Praça Púschkin [...]. Depois do término da estátua, a vida do trabalhador ficou fora de controle. Todos – sua esposa, seus colegas, ele próprio – comparam a pessoa real ao monumento. Se ele quisesse tomar um *drink*, agora ele tinha que perguntar a si mesmo se o seu monumento aprovaria. O homem vivia em permanente conflito com seu superego e não era suficientemente capaz de processar a confrontação entre o comportamento social e o individual[59].

---

58. O Teatro n. 1 da RSFSR foi fundado em Moscou, em 1920, sob a direção de Meierhold; em 1922 passa a se chamar Teatro do Ator, depois, em 1923, torna-se conhecido como Teatro Meierhold (TIM).

59. O. Bulgakowa, op. cit., p. 161.

Eisenstein e Zarkhi trabalharam juntos escrevendo a trama, mas, antes dos diálogos ficarem prontos, Zarkhi morreu num acidente de automóvel, e a peça foi então cancelada.

Por ocasião do pacto de não-agressão entre a União Soviética e a Alemanha, em agosto de 1939, durante a Segunda Guerra Mundial, Eisenstein finalmente retorna ao palco dirigindo a ópera wagneriana *A Valquíria*, a segunda parte do ciclo *O Anel dos Nibelungos*, no Teatro Bolshói. O espetáculo estreou em 21 de novembro de 1940. No texto "A Encarnação do Mito", Eisenstein trata dos princípios estéticos empregados na elaboração do espetáculo e, para tanto, se volta para a síntese das artes do drama musical de Wagner, em particular para o "problema de criação de uma *unidade interna entre som e visão no espetáculo*"[60].

Para Eisenstein, a possibilidade de encenar uma ópera wagneriana era bastante oportuna, tendo em vista que o desejo do compositor alemão de uma unidade entre imagem cênica e som correspondia à pesquisa que Eisenstein empreendia quanto ao uso do som no cinema.

É ele quem escreve:

> Remover as barreiras entre a visão e o som, entre o mundo visto e o mundo ouvido! Realizar uma unidade e uma relação harmoniosa entre estas duas esferas opostas. Que tarefa absorvente! Os gregos, Diderot, Wagner e Scriabin – quem não sonhou com este ideal? Há alguém que não tenha feito nenhuma tentativa de concretizar este sonho?[61]

Eisenstein pretendia, com sua encenação, transformar a música em algo visualmente tangível e afetar as profundezas da consciência do espectador "onde o pensamento é ainda fortemente imagético, emocional e mitológico"[62]. O cenário teria que funcionar como uma base figurativa, acompanhando o movimento interno dos pensamentos e sentimentos do ator, o conteúdo dramático da música. Eisenstein imaginava um cenário e uma iluminação em constante mudança, em correspondência rítmica com a música. Segundo Arlindo Machado, a *Valquíria* de Eisenstein deveria "integrar, num espetáculo sincrético, música, cenários, personagens, movimento, luzes, de modo a obrigar o espectador a participar desse ritual com todos os sentido atentos"[63].

Como não poderia deixar de ser, em "A Encarnação do Mito", Eisenstein sugere que as propostas da sua encenação "façam parte da produção de um método para óperas, e não apenas para Wagner"[64].

Mesmo firmado como cineasta, Eisenstein não deixa de fazer reflexões sobre a arte teatral, seja para dominar os meandros da *mise-en-scène* tendo em vista a solução de alguns problemas, e a

---

60. R. Taylor (org.), *S. M. Eisenstein*, v. 3, p. 169.
61. S. M. Eisenstein, *O Sentido do Filme*, p. 59.
62. R. Taylor (org.), op. cit., p. 155.
63. A. Machado, op. cit., p. 87.
64. R. Taylor (org.), op. cit., p. 166.

proposição de outros novos, no âmbito do cinema, seja para pensar os seus próprios projetos de encenação teatral. Nessa perspectiva, pode-se considerar a existência de uma teoria eisensteiniana do espetáculo teatral não restrita às suas experiências cênicas nos anos de 1920. Da sua encenação de *A Valquíria*, como vimos acima, ele já queria deduzir um "método para óperas". Eisenstein ainda trabalhará nos projetos de encenação de *Guerra e Paz*, ópera de Prokófiev (1943) e do balé *Carmem* (1946), mas estes, assim como vários outros projetos que Eisenstein tinha para o cinema, não serão realizados por pura falta de oportunidade ou por impossibilidades impostas pelo regime soviético.

2. Visita ao Gabinete Eisenstein de Imagens Cênicas

É importante perceber que a prática teatral de Eisenstein sempre esteve estreitamente relacionada às áreas de cenografia e figurino. E isso é tão marcante na sua trajetória artística que, como ele próprio viria a afirmar, nunca deixou de pensar como um cenógrafo, mesmo dirigindo filmes[1]. Ao estabelecer a questão da cenografia como um ponto fundamental em sua obra e na sua reflexão teórica de encenador teatral e realizador cinematográfico, Eisenstein privilegia, no teatro e no cinema, os problemas ligados à construção do espaço da *mise-en-scène*, aos deslocamentos de corpos interagindo no tempo e no espaço, à configuração de uma imagem plástica da cena.

As experiências teatrais de Eisenstein se deram num clima de forte experimentação artística. No início do século XX, os russos viveram não apenas uma revolução política e social, mas também uma grande revolução teatral. Pintores de vanguarda, coreógrafos e diretores utilizavam-se do teatro como um laboratório para explorar e disseminar novas idéias quanto à concepção visual do espetáculo teatral e à movimentação cênica (de atores, bailarinos, cenários e objetos de cena). Estas experimentações, como informa Nancy Baer[2], alcançaram ponto alto durante os primeiros cinco anos de União Soviética, quando mais de três mil organizações teatrais surgiram, contando

---

1. S. M. Eisenstein, *Mémoires*, p. 437.
2. N. Baer, Design and Movement in the Theatre of the Russian Avant-Garde, em N. Baer (org.), *Theatre in Revolution*, p. 35-36.

com a audiência de centenas de milhares de trabalhadores, camponeses e intelectuais.

Pretendo, assim, nas próximas páginas desse capítulo, situar as experiências teatrais de Eisenstein e de alguns contemporâneos seus no contexto dos seguintes movimentos artísticos do final do século XIX e início do século XX: o simbolismo, o futurismo, o cubo-futurismo, o excentrismo e o construtivismo; tentando extrair, de propostas tão variadas e experiências as mais diversas, algumas imagens, aspectos de imagens e movimentos, fundamentais para uma abordagem mais pontual dos conceitos de *movimento expressivo, atração, montagem* e *tipagem* a serem desenvolvidos nos próximos capítulos. Os três primeiros conceitos são básicos para o entendimento da teoria teatral e cinematográfica de Eisenstein, e o quarto conceito, a *tipagem*, apesar de ligado a um processo realizado no cinema, tem as suas raízes, segundo o próprio Eisenstein, no teatro.

Neste percurso, o nome de Meierhold será muito citado, primeiramente, por ser um encenador com uma forte presença artística em todo esse período que será abordado, e, segundo, por Eisenstein o considerar sua "divindade teatral"[3]. A admiração de Eisenstein pelo trabalho do encenador levou-o a ser seu aluno, seu parceiro de trabalho e a uma espécie de oponente artístico[4]. Sua relação artística com Meierhold perpassa todo esse segundo capítulo e continua reverberando nos outros dois.

BONECOS DE UM MUSEU DE ANTROPOLOGIA

No ensaio "Eisenstein e a Cultura Simbolista Russa: um roteiro desconhecido para *Outubro*", Yuri Tsivian aponta as freqüentes acusações feitas a Eisenstein, em 1928, por ocasião do debate sobre o seu filme *Outubro*, de ser ele um "simbolista no cinema", como uma maneira de se ver Eisenstein não apenas pelo viés de um artista de vanguarda, mais especificamente da vanguarda construtivista, mas de também pensá-lo em relação com a tradição simbolista russa do século XIX. A análise do roteiro de uma versão desconhecida do filme serve como ponto de aproximação entre o cineasta vanguardista e o que teria sido realmente a primeira revolução russa: a dominação da cena literária, em 1905, pelos simbolistas. É Tsivian quem escreve:

<small>Se a predileção de Eisenstein por imagens simbolistas requer alguma motivação psicológica, esta deve se voltar às duas figuras que Eisenstein considerava "incomparáveis"</small>

<small>3. S. M. Eisenstein, op. cit., p. 309.
4. "Eisenstein sentia como se estivesse eternamente engajado em um torneio; é claro, no ideal medieval em que um torneio não é uma guerra mas uma disputa amistosa". N. Kleiman, Eisenstein: mi tu, *me too*, nós também, *Cinemais*, n. 12, p. 13.</small>

e "divinas" desde a sua infância e pelo resto da sua vida: Vsévolod Meierhold do teatro Simbolista e Andréi Biely da prosa Simbolista[5].

Na primeira parte do ensaio, Tsivian trata de uma cena que foi omitida da versão final de *Outubro* – a cena do mortuário do Palácio de Inverno. De acordo com a versão do roteiro desconhecido, Eisenstein pretendia mostrar nesta cena os participantes do Governo Provisório petrificados. Tsivian relaciona essa idéia de petrificação pensada por Eisenstein com a peça simbolista de Aleksandr Blok, *O Rei na Praça*, escrita em 1905, sob o impacto da Revolução de Fevereiro. Nesta peça, o Rei, que está sempre presente em cena, transforma-se no final do espetáculo em um ídolo de pedra. Segundo Tsivian, Eisenstein, ao inserir no roteiro desconhecido a imagem do "Governo petrificado", reafirmaria a idéia simbolista da história como um permanente ciclo entre a petrificação e a destruição do poder.

Ao invés da petrificação, a imagem escolhida para a versão final do filme *Outubro*, foi a de roupas e chapéus vazios representando o desaparecimento dos participantes do Governo Provisório. Como bem aponta Tsivian, essa escolha de Eisenstein também teria sido influenciada pelo teatro simbolista, mais especificamente por *Barraca de Feira*, texto de Blok, encenado por Meierhold em 1906[6]. Esta peça, para usar as expressões de Jacó Guinsburg, é uma "farsa trágica" ou uma "paródia existencial". Logo no início da peça estão dados os seus três planos principais, bem destacados por Guinsburg: o da morte, aguardada por um grupo de Místicos; o do amor/vida, representado de forma romântica pelo triângulo amoroso da *Commedia dell'Arte*: Pierrô, Arlequim e Colombina, e pelos três casais de enamorados; e, por fim, o plano da arte, da arte do teatro, com o Autor, o Palhaço, a barraca de feira, "na função de marcar e desmascarar a intricada relação entre peça e cena"[7]. O Autor, por exemplo, durante boa parte da peça, queixa-se de ver o seu "drama" transformado numa "barraca de feira". Uma das cenas mais famosas da encenação dessa peça – para não falar sobre o expediente *à la* teatro de Grand-Guignol[8] do jorro de suco de fruta vindo da cabeça machucada do Palhaço – era o desaparecimento dos Místicos:

---

5. Y. Tsivian, Eisenstein and Russian Symbolist Culture: an unknown script for *October*, em I. Christie; R. Taylor (orgs.), *Eisenstein Rediscovered*, p. 84.
6. O título escolhido para este tópico, Bonecos de um Museu de Antropologia, foi retirado de uma rubrica da peça *Barraca de Feira*, de Aleksandr Aleksândrovitch Blok. Esta peça é dedicada a Meierhold. Tradução inédita de Reni Chaves Cardoso, que optou pelo título *A Barraquinha de Feira*.
7. J. Guinsburg, *Stanislávski, Meierhold & Cia.*, p. 48.
8. Sobre o teatro de Grand-Guignol, ver tópico "O *Agit-guignol*" no terceiro capítulo.

Arlequim coloca uma das mãos nos ombros de Pierrô. Este cai prostrado e permanece sem movimento em seu largo macacão branco. Arlequim leva Colombina pela mão. Ela sorri para ele. Perda geral da esperança. Todos os Místicos estão dependurados sem vida em suas cadeiras. As mangas das casacas caíram e cobrem as mãos. As cabeças encolheram dentro dos colarinhos. Parece que casacas vazias estão dependuradas sobre as cadeiras[9].

A despeito de Eisenstein não ter assistido à famosa montagem de Meierhold, Tsivian informa que esta peça era objeto de culto para todos os discípulos de Meierhold e por artistas de teatro não-tradicional, sendo relatada em detalhes minuciosos pelos que puderam vê-la, justificando assim a forte impressão que Eisenstein guardava da peça a qual faz referência em suas memórias[10]. Aliás, Serguei Iutkévitch, colega de Eisenstein nas aulas do GVYRM, conta que este, quando ainda era aluno de Meierhold, teria concebido a direção de *O Gato de Botas* (1921-1922) no tom de *Barraca de Feira*:

> Ele também almejava construir um teatrinho no teatro, mas do avesso, quase num jogo de espelhos, para que os espectadores o entrevissem como que dos bastidores. As personagens de Tieck teriam assim uma dupla existência, ora representando de costas, voltadas para um público imaginário, ora descendo do teatrinho sobre o tablado, como nos bastidores[11].

Como se vê, Eisenstein fez referências diretas a peças simbolistas em trabalhos e projetos no teatro e no cinema[12]. É também bastante curioso saber que Eisenstein, ao mesmo tempo em que escrevia a adaptação do texto de E.T.A. Hoffmann, *O Pote de Ouro*, dedicava-se à realização de um hino Rosacruz com Pavel Arensky[13] e desenhava

---

9. A. Blok, *A Barraquinha de Feira*, p. 5.

10. "Niélidov – participante do espetáculo *Barraca de Feira*. E *Barraca de Feira* é para nós como a Igreja de Spass-Néréditsa é para a Antiga Rússia.
À noite, Niélidov fala sobre as noites maravilhosas de *Barraca de Feira*.
A conferência dos místicos que atualmente olham, do alto do esboço de Sapúnov que está na galeria Tretiakóv, ele [Niélidov] fala sobre a estréia da peça, e como, um pé atrás do outro, como uma cegonha, um Pierrô branco – Meierhold – atua com um pífaro". S. M. Eisenstein, op.cit., p. 123. A igreja de Spass-Néréditsa é célebre pelo conjunto de afrescos do século XII que estão nela conservados. Sobre essa comparação que Eisenstein faz entre a encenação de Meierhold e a tal igreja, Ripellino escreve que Eisenstein talvez pensasse "numa relação entre as desajeitadas e soturnas figuras nos afrescos dos mestres de Nóvgorod, naquela igreja, e as poses inertes dos manequins de Blok". A. M. Ripellino, *O Truque e a Alma*, p. 324.

11. S. Iutkévitch apud A. M. Ripellino, op. cit, p. 113.

12. É Kleiman quem escreve sobre Eisenstein: "devemos nos lembrar de que ele é também filho do simbolismo, do simbolismo russo de Blok, Bely e Ivanov; os ecos desses simbolistas o seguiram por toda a vida. Por exemplo, deveria haver um epílogo para *Alexander Nevsky / Cavaleiros de Ferro*. Infelizmente, a censura de Stálin eliminou a morte de Alexander Nevsky do filme; mas o final, a vitória dos tártaros em Kulikovo Polye, é tirado diretamente de um poema de Blok". N. Kleiman, Eisenstein, op. cit., p. 14.

13. Poeta russo e místico que Eisenstein conheceu durante a guerra civil e que o introduziu nas sociedades secretas.

a cenografia cubista de *O Mexicano*. Misticismo e vanguarda revolucionária lado-a-lado. Numa passagem do seu diário de dezembro de 1921, esse pendor místico de Eisenstein se reflete na sua visão do espetáculo teatral, uma visão muito próxima daquela dos simbolistas, que visavam restituir ao teatro uma dimensão litúrgica:

> A coerência de todos os elementos da performance, a correspondência plástica do ritmo e da imagem – a despeito de todas as diferenças da abordagem teatral (sob a minha ótica) e a própria vida – têm no final das contas um fundamento profundamente místico que simboliza a unidade do ritmo do Universo. Não é à toa que sinto uma espécie de *vertige* quando imagino a organização perfeita da ação teatral movendo-se num ritmo ininterrupto; sinto como se estivesse perdendo a consciência... Sinto uma sensação similar quando contemplo o céu da noite escura ou as estrelas durante uma solitária caminhada noturna[14].

O comentário acima de Eisenstein aponta para o desejo de síntese, de unidade final, de "correspondência plástica do ritmo e da imagem", idéias caras para o *Gesamtkunstwerk* (obra de arte total) de Richard Wagner, retomadas pelos simbolistas russos, e presentes igualmente na fase simbolista da obra de Meierhold. Eisenstein terá oportunidade de resgatar essas idéias na sua montagem da ópera wagneriana *A Valquíria* (1940), evidenciando, de certa forma, que mesmo depois das suas experiências em meio à vanguarda teatral soviética, certas aspirações simbolistas persistiram em sua obra. Nesse sentido, considero o nome de Meierhold e suas experiências simbolistas importantes para a análise de certos aspectos da estética eisensteiniana no teatro e também no cinema.

A relação de Eisenstein com a fase simbolista de Meierhold vai além das referências imagéticas utilizadas pelo cineasta no filme *Outubro*. A propósito, Grigóri Kózintzev, um dos fundadores do grupo Fábrica do Ator Excêntrico (FEKS), afirma que em *Ivan o Terrível*, último filme de Eisenstein, percebe-se um retorno do cineasta ao teatro que ele havia demolido antes com a sua peça *Máscaras de Gás* e com o filme *A Greve*: "A destruição não foi assim tão bárbara e o edifício não foi reconstruído sob a sua primeira aparência"[15]. Este teatro, ao qual Eisenstein retorna, acredito que seja, em alguns aspectos, o teatro simbolista de Meierhold. Algumas concepções teatrais desenvolvidas por Meierhold nessa sua fase simbolista – o "teatro estático" e o teatro da convenção – são fundamentais em todo o percurso artístico de Eisenstein, assim como no de Meierhold.

Na fase inicial de seu trabalho como encenador, a partir aproximadamente de 1903-1904, Meierhold encontrava, na estética simbolista, a possibilidade de um "novo teatro". Em busca de novos métodos de encenação frente ao desafio proposto pelos dramaturgos simbolistas,

---

14. S. M. Eisenstein apud O. Bulgakowa, *Sergei Eisenstein*, p. 20.
15. G. Kózintzev, Sur S. M. Eisenstein, *Cahiers du cinéma*, p. 25.

Meierhold chegou mesmo a se unir ao seu ex-mestre Stanislávski, na época, também ciente das limitações da estética naturalista do Teatro de Arte de Moscou, para levar aos palcos peças simbolistas. O lugar para essas novas pesquisas estéticas era o Teatro-Estúdio, teatro experimental criado no ano de 1905 por Stanislávski e dirigido por Meierhold. Apesar do fechamento prematuro, sem nenhuma apresentação pública – evidenciando mais uma vez as divergências estéticas entre os dois encenadores –, Meierhold realizou, neste contexto, experiências fundamentais para o que veio a chamar de teatro da convenção, marcando posição de forma mais ferrenha contra o teatro naturalista, que tinha como expoente artístico na Rússia o método da família Meininger, inspiração-mor para as encenações do Teatro de Arte de Moscou.

A concepção de teatro da convenção, proposto por Meierhold, surge das suas encenações e pesquisas simbolistas para depois se descolar dessa fase específica de sua carreira, servindo de norte conceitual para suas encenações e formulações teóricas posteriores. No período pré-Revolução de Outubro, Meierhold procurou elementos para um teatro convencional, estilizado, antipsicológico, inicialmente no simbolismo, depois no teatro antigo e na ópera, e, paralelamente, nos teatros de cunho popular, como a *Commedia dell'Arte* e o teatro de feira russo. No momento, pretendo apenas apresentar as reflexões do Meierhold simbolista, no que diz respeito mais especificamente à noção de "teatro estático" e aos primeiros métodos expressivos do teatro da convenção – deixando mais para frente as considerações sobre o construtivismo e a biomecânica –, para, em seguida, apontar os possíveis desdobramentos da estética simbolista defendida por Meierhold na teoria do espetáculo de Eisenstein. Devo registrar que, diferentemente do que acontece no desenvolvimento deste trabalho, dedico-me neste tópico mais às idéias de Meierhold do que propriamente às de Eisenstein. Considero este tópico como introdutório de questões que serão abordadas mais detidamente nos capítulos seguintes. As teorias do espetáculo teatral e do espetáculo cinematográfico de Eisenstein estiveram sempre, de certo modo, em diálogo/tensão com a prática cênica e as formulações teóricas de Meierhold, especialmente com a concepção de teatro da convenção.

No texto "O Teatro Naturalista e o Teatro de Atmosfera", escrito em 1906, Meierhold discorre basicamente sobre as falhas do Teatro de Arte de Moscou ao encenar as peças de Tchékhov, *A Gaivota* e *O Cerejal*. Estas encenações alcançariam apenas em certos aspectos o poder da "atmosfera" proposto pelo dramaturgo. Meierhold cita, no texto, uma conversa de Tchékhov com seus atores sobre a montagem de *A Gaivota*, no Teatro de Arte de Moscou (11 de setembro de 1898). Nesta ocasião, o dramaturgo teria demonstrado o seu desprezo para com os procedimentos naturalistas utilizados na montagem e feito a célebre declaração:

O teatro é arte. Kramskoi tem um quadro de gênero no qual são representados uns rostos maravilhosamente. O que aconteceria se o nariz pintado de um deles fosse cortado e substituído por um nariz de verdade? O nariz seria realista, mas o quadro ficaria destroçado[16].

O exemplo tchekhoviano do nariz realista enfiado num quadro é apenas um dos absurdos apontados por Meierhold, no texto citado, contra o princípio da reprodução fotográfica da realidade, presente no teatro naturalista. Para o encenador russo, só poderiam ser consideradas obras de arte aquelas que demandam uma participação criadora do espectador. A "imagem fotográfica" do teatro naturalista, destituída de mistério, negaria ao espectador, segundo Meierhold, a capacidade de sonhar, de "completar com a fantasia o que permanece sem expressão"[17]. Ao mesmo tempo, a técnica de interpretação naturalista seria limitada por não se utilizar de todos os meios expressivos do ator – o "principal elemento cênico" –, concentrando erroneamente no rosto toda a intenção da atuação. O método do diretor naturalista, por sua vez, não teria uma visão de conjunto da obra, prendendo-se à descrição minuciosa do secundário, do "característico", em detrimento do que seria realmente essencial à peça. Por fim, Meierhold se refere à cena naturalista como "presa da carpintaria", como uma espécie de "exposição de objetos de museu". Os problemas de perspectiva e as grosseiras imitações de aspectos da natureza num cenário pintado seriam exemplos da impossibilidade de se recriar a realidade no palco e do erro de se investir nessa visão artística. Meierhold quer, com toda essa crítica, reafirmar sua crença de que o teatro, assim como qualquer arte, é convenção, é estilização. É Meierhold quem explica, já num outro texto em que trata das suas experiências no Teatro-Estúdio:

> Por estilização não entendo a reprodução precisa do estilo de uma época ou de um acontecimento determinado, próprio da fotografia. Ao conceito de estilização, em minha opinião, está indissoluvelmente unida a idéia do convencionalismo, da generalização, do símbolo. "Estilizar" uma época ou um acontecimento significa colocar em relevo, com todos os meios expressivos, a síntese de uma época ou de um acontecimento determinado; significa reproduzir os traços característicos escondidos, como resultam no estilo velado do fundo de certas obras de arte[18].

Nesse contexto, no sentido de configurar uma nova imagem cênica para o "novo drama", Meierhold aponta a importância determinante no Teatro-Estúdio do seu trabalho em conjunto com cenógrafos. Sapúnov e Sudéikin, responsáveis pelo cenário de *A Morte de Tintagiles*, peça de Maeterlinck, foram fundamentais para as primeiras definições cênicas de Meierhold e dos seus companheiros de empreitada, ao se negarem a elaborar o projeto do cenário da peça em maquete, reproduzindo

---

16. P. Tchékhov apud V. E. Meyerhold, *Textos Teoricos*, v. 1, p. 136.
17. V. E. Meyerhold, op. cit., p. 131.
18. Idem, p. 122-123.

ambientes naturalistas. Como nova proposta, ao invés da maquete: o projeto estilizado em duas dimensões, recorrendo a efeitos de cor e luz, tendo em vista uma concepção pictórica da cena, uma espécie de impressionismo cênico. Seguindo essa nova abordagem da cena, base do princípio de estilização, o cenógrafo Deníssov, no primeiro ato de *Colega Krompton*, ao invés de recriar em todos os detalhes o ateliê de um pintor, cobriu um telão com "manchas grandes e vivas, características do ateliê de um artista"[19].

Em "Presságios Literários de um Novo Teatro", escrito possivelmente em 1907, Meierhold, declarando que o "novo teatro surge da literatura", toma a obra de Maurice Maeterlinck como modelo para o teatro da convenção. A técnica de encenação desse novo teatro é sugerida pelo próprio dramaturgo. Este, segundo Meierhold,

quer que seus dramas sejam representados com grande simplicidade, para que a fantasia do espectador possa completar o que se diz abertamente. Mas não é apenas isso, pois também teme que os atores, habituados à atmosfera sufocante de nossos cenários, representem de maneira demasiado externa, deixando sem expressão, a parte secreta, mais íntima, de suas tragédias. Isto lhe induz a pensar que suas tragédias requerem uma extrema imobilidade como de marionetes (tragédies pour théâtre de marionnettes)[20].

Meierhold conclui então pela necessidade de um "teatro estático", um "teatro imóvel", cujo principal antecedente seriam as tragédias antigas (*As Eumênides*, *Antígona*, *Electra*, dentre outras). Estas seriam estáticas no sentido de que são "desprovidas não apenas do chamado 'argumento', mas também de ação psicológica"[21]. O foco dessas peças seria a relação do homem com o seu destino, não havendo assim, segundo Meierhold, a necessidade de movimentação em cena. Os gestos e os movimentos deveriam ser limitados, de forma que o espectador pudesse captar nas pausas, nos silêncios e na musicalidade dos movimentos plásticos o "diálogo interior" dos personagens.

Tanto na direção do Teatro-Estúdio, onde preparou a encenação de *Morte de Tintagiles*, quanto na direção da companhia de teatro da atriz Vera Komissarjévskaia, onde dirigiu, dentre outras peças, *Hedda Gabler*, de Ibsen, e *Irmã Beatriz*, de Maeterlinck, Meierhold procurava dispor as personagens em cena à maneira dos afrescos e dos baixo-relevos. Um crítico da época que assistiu a ensaios do Teatro-Estúdio refere-se à plasticidade de alguns grupos de atores como: "afrescos pompeianos reproduzidos num quadro vivente"[22].

19. Idem, p. 122.
20. Idem, p. 142. *A Morte de Tintagiles*, *Interior* e *Aladin e Palomides* foram publicadas em 1894 com o subtítulo "três pequenos dramas para marionetes".
21. Idem, p. 143.
22. Valerii Briússov apud V. E. Meyerhold, op. cit.,p. 124.

Essas escolhas artísticas renderam muitas críticas a Meierhold. A despeito da vontade de pesquisar novas possibilidades cênicas, Komissarjévskaia encerrou as atividades de Meierhold como encenador da sua companhia por não agüentar mais, como ela própria dizia, ser manipulada como fantoche nas encenações simbolistas dirigidas por ele. Eis um trecho da carta enviada por ela a Meierhold no dia 9 de novembro de 1907:

> Nos últimos dias, Vsiévolod Emilevitch, refleti muito, chegando à profunda convicção de que nós dois consideramos de maneira diferente o teatro e que as nossas pesquisas são divergentes. Deixando de lado os espetáculos em que conseguistes unir os princípios do "velho" teatro com os do teatro de marionetes, como, por exemplo, na *Comédia do Amor* e em *A Vitória da Morte*, vós tendes explorado, o tempo todo, o caminho que leva aos fantoches. Com profundo pesar esta certeza se me revela plenamente apenas nos últimos dias, após longas meditações. Eu olho o futuro nos olhos e afirmo que por tal caminho nós não podemos prosseguir juntos [...][23].

O encenador Stanislávski, ex-parceiro de Meierhold no Teatro-Estúdio, por sua vez, critica certos procedimentos do teatro simbolista. Ele escreve o seguinte:

> Que importa a mim, ator, se atrás de minhas costas está pendurado um telão de fundo que se deve ao pincel de um grande pintor. Eu não o vejo, não me inspira, não me ajuda. Ao contrário, sinto-me somente obrigado a ser tão genial quanto o fundo, diante do qual eu me encontro e que eu não consigo ver. Sem contar que freqüentemente este admirável e resplandecente telão de fundo perturba-me, visto que não foi combinado com o pintor e, na maior parte dos casos, seguiram-se direções diferentes [...][24].

Meierhold faz uma aproximação entre a imagem cênica simbolista e a pintura impressionista. Esta aproximação revela uma concepção de movimento que, de certa forma, condiz com esse achatamento do ator e com a sua aparente imobilidade[25]. No início do século XX, os pintores impressionistas exploravam relações entre cor e luz. Esta era vista essencialmente como uma vibração, confundindo-se com o conjunto das qualidades sensíveis do universo e, em particular, com a cor. Os contrastes simultâneos das cores provocariam, segundo os pintores impressionistas, uma idéia de movimento, o verdadeiro movimento, diferente daquele provocado pela sucessão de imagens fixas na tela de cinema. Nesse sentido, Meierhold trabalha, então, com o que chamo de "imobilidade dinâmica" ou de "dinâmica do imóvel". Seus atores podem estar imóveis, mas isso não quer dizer falta de movimento ou de expressão, muito pelo contrário. De forma condensada, sintética, esse movimento e essa expressão surgiriam potencializados.

23. V. Komissarjévskaia apud A. M. Ripellino, op. cit., p. 117-118.
24. K. Stanislávski apud A. M. Ripellino, op. cit., p. 120-121.
25. Ripellino se pergunta, quanto ao teatro "estático" simbolista de Meierhold, se o achatamento do ator em duas dimensões e a dicção próxima ao silêncio não seriam também influências do cinema da época. A. M. Ripellino, op. cit., p. 120.

Já existia, naquele momento, uma grande tradição de colaboração entre pintores e encenadores russos, que datava do final do século XIX. Em 1898, Serguei Diaghilev – encenador que levou para a Europa os Ballets Russes –, em associação com artistas simbolistas e escritores, lançou a revista *Mundo da Arte*. Esta revista teve uma grande influência cultural na Rússia, sobretudo no impulso dado às artes plásticas, mais especificamente à pintura, para uma participação nova e independente no espetáculo simbolista[26]. Léon Bakst, Aleksandr Benois e Aleksandr Golóvin, este um grande parceiro de Meierhold, são alguns dos nomes de pintores russos que buscavam construir no teatro, particularmente na ópera e no balé, uma verdadeira fusão entre drama, pintura, música e movimento para expressar o ideal wagneriano do *Gesamtkunstwerk*, a obra de arte total, síntese de todas as artes.

Durante o mesmo período em que os pintores invadiam a cena com seus imensos painéis, outros artistas visuais buscavam criar uma imagem cênica a partir da tridimensionalidade do espaço teatral com o intuito de melhor explorar a questão do movimento em cena e da própria imagem cênica em movimento. Dentre outros cito o cenógrafo suíço Adolphe Appia; seus cenários tridimensionais e o uso de iluminação dinâmica e colorida como contraparte para a música; e Edward Gordon Craig, ator inglês, encenador, cenógrafo, criador da teoria da supermarionete e dos famosos *screens*.

O próprio Meierhold, num segundo momento da sua concepção de teatro da convenção, desiste da pintura como modelo estético da construção da cena, elegendo a arquitetura e a plástica estatuária como novos parâmetros para a imagem cênica. Segundo Meierhold, a liberação do palco da cenografia e dos acessórios supérfluos, disponibilizando ao ator um espaço em três dimensões, colocaria em primeiro plano a criação do ator. Entretanto, a técnica do ator meierholdiano ainda se ampara em imagens imóveis. O encenador russo acreditava que a imobilidade da plástica estatuária suscitaria toda a ação necessária ao exercício da imaginação do espectador, o *quarto criador* do espetáculo[27]. No texto "O Teatro 'da Convenção'", escrito possivelmente em 1907, Meierhold escreve:

> O teatro "da convenção", empregando a plasticidade estatuária, imprime, na memória do espectador, grupos concretos, de modo que junto às palavras ressaltem as notas fatais da tragédia.
> O teatro "da convenção" não busca a variedade na *mise en scène* como faz o teatro naturalista, no qual a riqueza dos pontos previstos no plano cria um caleidoscópio de poses, em rápida transformação. O teatro "da convenção" tende a dominar habilmente a linha, a estrutura dos grupos, e a cor dos trajes, e em sua imobilidade, oferece mil vezes mais movimento do que o teatro naturalista. O movimento na cena não vem dado pelo

---

26. Sobre *O Mundo da Arte*, ver J. Guinsburg, op. cit., p. 99-108.
27. Os três outros criadores são: o dramaturgo, o encenador e o ator.

movimento no sentido literal da palavra, mas pela distribuição das linhas e das cores, e pela facilidade e maestria com que linhas e cores se entrelaçam e vibram[28].

Nessa citação, Meierhold contrapõe a "imobilidade dinâmica" do teatro da convenção ao "caleidoscópio de poses" do teatro naturalista. Segundo ele, a imobilidade proposta pelo teatro da convenção ofereceria "mil vezes mais movimento do que o teatro naturalista". No teatro simbolista de Meierhold, o efeito de movimento da imagem cênica imóvel se dá por sua configuração plástica. "O movimento na cena não vem dado pelo movimento no sentido literal da palavra, mas pela distribuição das linhas e das cores, e pela facilidade e maestria com que linhas e cores se entrelaçam e vibram". Essa contraposição entre "pose" e "imobilidade dinâmica" permanece no desenvolvimento do seu teatro da convenção. Como é abordada mais minuciosamente no terceiro e quarto capítulos deste trabalho, a teoria eisensteiniana do movimento expressivo também se relaciona, a seu modo, com essa noção de "imobilidade dinâmica" *versus* "pose", tanto no teatro como no cinema. E o interessante é que Eisenstein e Meierhold trabalham com artes ligadas indissociavelmente à questão do movimento. A "imobilidade dinâmica" possibilitaria, de certa forma, a desnaturalização do movimento, impregnando-o de expressividade, estabelecendo assim uma relação mais eficaz entre a imagem cênica ou cinematográfica e o espectador.

No cinema, a predileção de Eisenstein por estátuas e figuras imóveis salta aos olhos. *Outubro* (1927) é o caso mais clássico do uso de estátuas por Eisenstein, que chegou a ser criticado por dar a impressão de que foram estátuas e monumentos que fizeram a Revolução Bolchevique[29]. A respeito da utilização por Eisenstein de esculturas no filme *Outubro*, escreve com propriedade Rosalind Krauss:

> O aspecto fundamental dessas esculturas – e de toda escultura – para Eisenstein não é sua qualidade mimética, não é sua capacidade de imitar o aspecto da carne em vida, mas seu poder de personificar idéias de atitudes. O pressuposto básico de Eisenstein é que a escultura, a arte em geral, é fundamentalmente ideológica[30].

Mas além da dimensão ideológica, a aura misteriosa e mesmo aterrorizante de figuras imóveis também tem caráter de *atração* para Eisenstein. Em suas memórias, por exemplo, dedica várias linhas para a descrição da cena dos esqueletos congelados no campo de Dvinsk, para a exposição de bonecos de cera que viu no Museu Grévin quando era criança, e para sua visita noturna a um museu mexicano. A estranheza causada pela *mise-en-scène* da primeira parte de *Ivan o Terrível* sugeriu ao ator Alexei Diky o seguinte comentário: "A

---

28. V. E. Meyerhold, op. cit., p. 161-162.
29. A. Machado, *Eisenstein*: geometria do êxtase, p. 68.
30. R. Krauss, *Caminhos da Escultura Moderna*, p. 11-12.

Rússia parece estrangeira aqui, como Pompéia"[31]. Na transcrição da discussão que houve no estúdio, Eisenstein sublinhou esse comentário e outros que ressaltavam o incômodo provocado pelo filme. Essa comparação com Pompéia lembra aquela que o crítico Briússov fez ao assistir a um ensaio do Teatro-Estúdio assemelhando alguns agrupamentos de atores a afrescos pompeianos.

É importante destacar que a preferência pelo jogo de atores praticamente imóveis ou mesmo pelo uso de fantoches, bonecos ou autômatos em cena corresponde ao ideário simbolista, que teve desdobramentos posteriores nas propostas dos grupos vanguardistas do início do século XX. Aos olhos dos poetas e intelectuais da virada do século XIX para o século XX, o corpo humano não daria conta da dimensão espiritual e misteriosa requerida para a cena. No livro *A Efígie do Ator: figuras do homem artificial no teatro das vanguardas históricas*, Didier Plassard trata, no primeiro capítulo, do que ele chama "teatro de efígies". A proximidade entre os projetos de Maeterlinck (o "teatro de andróides"), Jarry (o "teatro heráldico" e o "homem-marionete") e Craig (a "supermarionete") condiz, segundo o autor, à estética desse "teatro de efígies": "mesma pesquisa de uma linguagem convencional e de uma linguagem despersonalizada, organizada em torno de uma gama especialmente reduzida de signos; mesma desconsideração do 'corpo vivo vindo de uma natureza trivial', mesma surpreendente invocação à morte"[32].

Por fim, vale ressaltar que o rigor plástico da imagem cênica ou cinematográfica é fundamental tanto para Meierhold quanto para Eisenstein. Cenógrafo e desenhista, Eisenstein tem uma forte ligação com artistas visuais, sempre citando nos seus textos artistas como Daumier, El Greco, Goya, Jacques Callot. No próprio manifesto "Montagem de Atrações" constam referências a Grosz e a Ródtchenko. Em *Que Viva México!*, Eisenstein chegou a se servir da pintura muralista mexicana ao conceber os episódios de seu filme[33].

Certamente, não posso restringir esses pontos de aproximação entre o teatro "estático" de Meierhold e o teatro e o cinema de Eisenstein à estética simbolista simplesmente, pois, como será desenvolvido mais adiante ainda nesse capítulo, a teoria do espetáculo teatral de Eisenstein está em diálogo/tensão com outros movimentos e artistas. No entanto, a crítica de Meierhold ao teatro naturalista, sua própria concepção de teatro da convenção – que, como já foi dito anteriormente, não está apenas ligada à fase simbolista –, a sua preocupação com novas formas cênicas que potencializassem a expressividade do

---

31. A. Diky apud O. Bulgakowa, op. cit., p. 221.
32. D. Plassard, *L'Acteur en effigie*, p. 54.
33. Sobre esse assunto, consultar E. de la V. Alfaro, *Del Muro a la Pantalla*.

teatro, são extremamente importantes não apenas para Eisenstein, mas para toda a vanguarda teatral soviética.

UM POLICIAL CORTADO E ESQUARTEJADO PELO TRÁFEGO

Assim como Maiakóvski e grande parte dos vanguardistas russos, Eisenstein negava qualquer filiação com o futurismo italiano. Quanto à polêmica questão da influência, Silvana Garcia, em seu livro sobre o teatro das vanguardas históricas, esclarece:

> Embora Marinetti tenha sua dose de razão ao afirmar a precedência e a influência do Futurismo italiano sobre o movimento russo, isso não quer dizer que o Cubo-Futurismo tenha sido uma adaptação eslava de seus princípios. Se a base do Futurismo era, como afirmara Marinetti, o "ódio ao passado", este representava um sentimento generalizado entre os artistas e produtores da nova geração que circulavam pelas capitais culturais da Europa àquela época. Do mesmo modo, as experiências com o verso livre e as palavras em liberdade tampouco haviam sido invenção de Marinetti e seu grupo, embora ele as tenha sistematizado em programa[34].

Não se pode ignorar o fato de que as idéias de Marinetti circulavam no meio artístico da Rússia desde cedo e lá floresceram como em nenhum outro lugar. No entanto, o movimento cubo-futurista contava com características próprias, dentre as quais o reaproveitamento da cultura popular (a arte primitiva, os ícones religiosos, as canções e ditos do saber popular, o teatro de feira – das marionetes às arengas dramatizadas dos charlatões etc.) e até mesmo uma estreita relação com o movimento simbolista[35]. A combinação da temática futurista da cidade, da tecnologia, do movimento e da velocidade, com a desconstrução cubista do espaço e do objeto, fez os artistas russos incorporarem na própria denominação do movimento a tendência contemporânea do cubismo[36]. Este último aspecto apontado não exclui as

---

34. S. Garcia, *As Trombetas de Jericó*, p. 51.
35. Segundo K. Pomorska: "os aspectos em que o movimento russo se diferencia de seu correlativo italiano são resultantes da forte tradição simbolista na literatura russa. Pode-se mesmo acrescentar que sem o simbolismo russo não teria existido o futurismo russo, ou pelo menos tal movimento não teria exercido uma função tão importante no desenvolvimento da moderna poesia russa.

O simbolismo russo não trouxe somente a poesia nacional de volta ao cenário internacional, retomando temas e problemas universais como assunto da poesia; recriou a teoria da poesia como *arte verbal* e deu ao mundo da literatura muitos poetas importantes que conduziram a técnica poética para novas altitudes. Em suma, a revivescência do culto da palavra poética foi a principal contribuição dos simbolistas russos", *Formalismo e Futurismo*, p. 74.

36. "Não foi por acaso que, profissionalmente ou de qualquer outra maneira, a maior parte dos futuristas esteve ligada à pintura, considerando-se a conexão entre as artes verbais e visuais. Muitos críticos já observaram o fato de D. Burliuk ter estudado em Paris, e Maiakóvski nos estúdios dos renomados artistas moscovitas, Jukóvski e

relações igualmente existentes entre o futurismo italiano e o modelo cubista francês, pois a inquietação quanto às questões de representação era comum a italianos, franceses e russos de vanguarda.

Os manifestos *Teatro de Variedade* (1913) e *Teatro Sintético* (1915) são chaves para se entender os rumos das experiências da vanguarda russa após a revolução. No primeiro, Filippo Marinetti, o arauto do movimento, faz o elogio ao dinamismo e à criatividade pulsante desse teatro de atrações – também conhecido como *music-hall* –, próprios à experiência frenética da vida nas grandes cidades. No segundo manifesto, trata das *síntese*, peças de estrutura e duração mínima que "introduzem soluções radicais e inusitadas no âmbito da dramaturgia"[37]. Nos dois manifestos, enfim, expõe suas fórmulas artísticas, como bem resume Ripellino: "opondo a ação à análise psicológica, usando acrobacias e a 'fisicofollia', o poeta italiano incita a decompor os textos dos clássicos, a destruir os limites entre platéia e palco, a provocar o público com maravilhas e truques"[38].

O encenador teatral russo Nikolai Foregger era um defensor entusiasta da *music-hallização* do teatro. "O futuro", garantia ele, "pertence ao cinema e ao *music-hall*. Pois o teatro sem música vive seus últimos dias e ninguém terá mais vontade de assisti-lo"[39]. Fundado em 1921, o teatro MASTFOR (acrônimo para Ateliê Teatral de Foregger, que depois se tornou o Teatro da Sátira) era um cabaré moscovita muito conhecido. Nele, Foregger, admirador dos ritmos americanos, do circo e da dança, apresentava espetáculos conduzidos por diversas atrações: números de danças apaches e danças folclóricas russas, foxtrotes, tangos, saltos aéreos etc. Seus famosos programas de paródias teatrais eram uma espécie de teatro de revista, tratavam de temas da atualidade e atacavam as pretensões teatrais do Teatro de Arte de Moscou, do Teatro de Câmara (*Kamerni*) de Taírov, dos espetáculos de *agitprop*, não poupando nem mesmo as encenações de Meierhold de *A Alvorada* e *O Corno Magnífico*. Eisenstein e Iutkévitch chegaram a participar de um desses programas (*A Fenomenal Tragédia de Fedra* – paródia de *Fedra* de Racine encenada por Taírov) como responsáveis pelo cenário e figurino, antes de fazerem o mesmo trabalho para uma das produções de maior sucesso de Foregger: *Boas Relações com os Cavalos* (janeiro de 1922). Esta peça, escrita por Vladímir Mass, era baseada num poema de Maiakóvski. Neste poema, um cavalo exausto, alvo de zombarias, consegue se levantar do

---

Kélin, e posteriormente na Escola de Pintura, Escultura e Arquitetura. Krutchônikh era professor de desenho; Khlébnikov e N. Burliuk eram desenhistas amadores. Esses fatos se refletiram no próprio nome completo do grupo: 'cubo-futuristas' (*cubo-futuristi*)." Idem, p. 106.

37. S. Garcia, op. cit., p. 38.
38. A. M. Ripellino, *Maiakóvski e o Teatro de Vanguarda*, p. 140.
39. N. Foregger apud K. Rudnitski, *Théâtre russe et soviétique 1905-1935*, p. 97.

chão depois das palavras de encorajamento de um poeta que lhe afirma serem todos os poetas e artistas uns cavalos exauridos. Na peça, em que também consta a presença de um cavalo, um empresário americano, viajando por Moscou, persuade a dona de um restaurante a transformar o lugar num cabaré com sátiras e danças[40].

A cenografia proposta por Iutkévitch e Eisenstein para *Boas Relações com os Cavalos*, segundo Wanda Strauven, em seu ensaio "Notas sobre o 'Grande Talento Futurista' de Eisenstein"[41], aproximava-se do conceito de "cena dinâmica", desenvolvido por Prampolini no manifesto "Cenografia Futurista" (1915). Neste manifesto, Prampolini anuncia "*a abolição da cena pintada*" a favor de uma "*arquitetura eletromecânica incolor, fortemente vivificada por emanações cromáticas de uma fonte luminosa*, produzidas por refletores elétricos"[42]. Acompanhando o ritmo acelerado da encenação, com diálogos e monólogos seguidos com rapidez e precisão por números musicais, o projeto cenográfico de Iutkévitch e Eisenstein contava, dentre outras coisas, até com um *trottoir* e uma escada móveis, um elevador e um anúncio luminoso que, por problemas técnicos, ainda segundo Strauven, não foram levados à cena.

Serguei Iutkévitch estudou em várias escolas de arte e foi aluno de Aleksandra Êxter, a figurinista e cenógrafa do Teatro de Câmara (*Kamerni*) dirigido por Aleksandr Taírov. A parceria entre a pintora e o encenador rendeu espetáculos (*Famira Kifared*, de 1916; *Salomé*, de 1917; *Romeu e Julieta*, de 1921) nos quais o movimento era considerado um componente central da cenografia. Êxter participara dos círculos cubistas e futuristas da Europa ocidental e, ao retornar para a Rússia depois do início da Primeira Guerra Mundial, desenvolveu uma pesquisa cenográfica a partir dos problemas de forma e movimento propostos pela pintura cubista e futurista.

Os princípios geométricos cubo-futuristas estão presentes no figurino desenhado por Iutkévitch para a dançarina Ludmilla Semenova, bem como no figurino de Eisenstein para a Primeira Coquete, em *Boas Relações com os Cavalos*. No entanto, a despeito da recorrência à geometrização, do aspecto abstrato da composição, os dois figurinos são bem diferentes. O figurino proposto por Iutkévitch, um vestido estruturado por três cones principais, lembra, se posso dizer assim, o

---

40. N. V. Norma Baer (org.), *Theatre in Revolution*, p. 187.
41. Wanda Strauven, no próprio título do seu artigo, já aponta, com uma certa ironia, para as relações de hostilidade entre o futurismo italiano e o cubo-futurismo russo. Diante das particularidades de cada vanguarda, no âmbito ideológico até radicalmente opostas, Strauven se detém apenas em apontar os procedimentos artísticos comuns aos dois movimentos, abordando mais especificamente o trabalho de Eisenstein no teatro e no cinema. W. Strauven, Notes sur Le "grand talent futuriste" d'Eisenstein, em D. Chateau; F. Jost; M. Lefebvre (orgs.), *Eisenstein*, p. 45-65.
42. Idem, p. 50.

estilo "cubo-futurista clássico" de Êxter nos figurinos de *Salomé*, por exemplo. Já o figurino abstrato de Eisenstein recorre à sensualidade das dançarinas do *music-hall* e deixa boa parte do corpo nada abstrato da Primeira Coquete desnudo. A nudez deste e de outros figurinos femininos desenhados por Eisenstein causaram comoção aos espectadores puritanos da Moscou daquele tempo, conforme testemunho do próprio Iutkévitch[43].

Em *O Mexicano* (1921), produção anterior a *Boas Relações com os Cavalos*, Eisenstein, dessa vez dividindo cenário e figurino com o artista Leonid Nikitin, radicaliza a questão da geometria deformante dos figurinos. Adaptação de Arvatov de uma narrativa de Jack London, o enredo da peça pode ser resumido em poucas linhas da seguinte maneira: um jovem revolucionário mexicano ficará com uma parte do prêmio de uma luta de boxe caso permita que um célebre campeão saia vitorioso, mas, ao invés do combinado, o jovem consegue se preparar de tal maneira que acaba ganhando a luta e usando todo o prêmio na compra de armas para a luta revolucionária. Na peça, para se ter uma idéia, os clubes de boxe rivais foram representados geometricamente: cubos e quadrados contra esferas e círculos!

Sendo a direção do espetáculo de Smichliáiev, aluno de Stanislávski, que trabalhava com os jovens atores do Proletkult o método de interpretação do mestre, Eisenstein não teve espaço para fazer de *O Mexicano* uma montagem acelerada de várias atrações de circo e de *music-hall*. Neste espetáculo, o dinamismo da cena parece ter ficado por conta da concepção do clímax da peça, que acontece durante a luta de boxe decisiva. Eisenstein sugeriu à direção do espetáculo que a luta acontecesse num ringue localizado bem no meio da platéia para que os espectadores se sentissem realmente participando de uma luta, bem de acordo com a proposta de visualização e sonorização da violência, tema *par excellence* do futurismo italiano[44]. Por questões de segurança, o ringue teve que ficar próximo ao proscênio, mas atores se misturavam ao público, recriando a atmosfera tensa e participativa presente em qualquer atividade esportiva. No texto "Do Teatro ao Cinema", Eisenstein se vangloria do impacto da luta para os espectadores. É ele quem escreve:

> Enquanto as outras cenas influenciavam a platéia através da entonação, gestos e mímica, nossa cena usou meios realistas, até estruturais – luta real, corpos caindo no chão do ringue, respirações arquejantes, o brilho do suor nos corpos e, finalmente, o inesquecível choque das luvas contra a pele esticada e os músculos tensos. Cenários fictícios deram lugar a um ringue realista (apesar de não no centro da sala, graças a

---

43. K. Rudnitski, op. cit., p. 97.
44. Strauven nos lembra que o próprio tema da luta de boxe é caro a Marinetti. No manifesto *Teatro de Variedade*, ele convida à introdução do boxe no teatro para a obtenção do "máximo de força comparada das raças". W. Strauven, op. cit., p. 52.

essa praga de qualquer atividade teatral, o bombeiro) e extras fecharam o círculo em redor do ringue[45].

E Iutkévitch corrobora:

> E [Eisenstein] se sentia muito orgulhoso de haver sido o primeiro a introduzir em uma representação teatral uma autêntica manifestação desportiva. Era a mesma audácia com que Picasso ou Braque inseriam na composição de seus quadros fragmentos de papel ou pedaços de jornais quando a "collage" surgiu, quando ousaram introduzir na composição de uma obra pictórica outros elementos renovadores, jamais utilizados desde então[46].

As duas citações acima sugerem a visão do espetáculo *O Mexicano* como uma *collage* cubista produzida pela justaposição do "elemento real" (o ringue, a luta) aos "cenários fictícios" da peça. Entretanto, a luta de boxe, a "ação real" da qual Eisenstein se vangloria por ter atingido diretamente a platéia com sua violência, não passa também de uma encenação, já que são atores atuando dentro do ringue. E o próprio ringue acaba fazendo parte da composição fictícia. Nas colagens cubistas, os pedaços de jornal inseridos eram realmente pedaços de jornal. A descontinuidade do discurso pode ser um fator de aproximação maior entre a *collage* e a concepção da montagem de *O Mexicano*. De acordo com Eisenstein, a luta teria quebrado a estrutura principal da peça na qual "uma emoção dava origem a outra emoção", teria quebrado a linearidade da interpretação stanislavskiana. A luta de boxe seria então uma aplicação *avant la lettre* do conceito de Eisenstein de *atração* como "momento agressivo" e "unidade molecular (isto é, constitutiva) da eficácia do teatro".

Outro aspecto que conferiria dinamismo à cena, bem apontado por Strauven, era a inserção no cenário e no figurino das *parole in libertà*, as "palavras em liberdade", espécie de *collage* que Marinetti fazia no âmbito da poesia, definida da seguinte maneira por Marjorie Perloff no ensaio "A Invenção da Colagem": "As *parole in libertà*, disparatadas e associadas apenas por uma analogia forçada, são apresentadas sem qualquer conexão, sendo completamente suprimida a ordenação de signos que especificaria as relações causais ou temporais entre os elementos presentes"[47].

As calças do repórter em *O Mexicano*, segundo o croqui de Eisenstein, trazem o título do jornal inglês *The Daily Telegragh* – "uma maneira engenhosa de colocar em movimento palavras na cena"[48]. No croqui de um dos cenários da peça, Eisenstein escreve em grandes letras: "New York Forever!", "Only Tommy Atkins!", dentre outras expressões, em grandes painéis que contam também com desenhos

---

45. S. M. Eisenstein, *A Forma do Filme*, p. 18.
46. S. Yutkévitch, em L. Schnitzer; J. Schnitzer; M. Martin, *Cine y Revolución*, p. 18.
47. M. Perloff, *O Momento Futurista*, p. 24.
48. W. Strauven, op. cit., p. 52.

bem coloridos de quatro lutadores de boxe em posições ameaçadoras de ataque. Estas imagens, em conjunto, são dotadas de uma grande força expressiva pelo contraste de cores empregado, bem como nos cortes irregulares dos painéis, no trabalho de justaposição deles, e pela própria representação dos lutadores. A despeito de serem imóveis, os painéis conferem uma imagem dinâmica à cena.

Observando os figurinos e cenários que Eisenstein realizou para produções do Proletkult, do teatro de Meierhold ou de Foregger, percebe-se que os seus croquis seguem o estilo cubo-futurista e construtivista da época. Entretanto, como já foi dito acima, os desenhos de Eisenstein não se perdem na abstração completa, a representação figurativa é muito forte em sua obra. Seus desenhos não perdem um "quê" de história em quadrinhos, de desenho animado, eles são sempre desenhos bem humorados – como os seus desenhos humorísticos políticos publicados na imprensa –, e já trazem muito da personalidade dos personagens. Basta ver o sorriso faceiro da Primeira Coquete, o bico e a postura de ave ridículos do repórter do *Daily Telegraph*. Esse aspecto dos seus desenhos também pode ser relacionado com a aparência física dos atores dos filmes eisensteinianos. Eisenstein sempre tinha em vista a escolha de rostos que dessem uma impressão imediata do personagem[49].

O conceito de "cena dinâmica" também é desenvolvido na cenografia que Eisenstein projetou em 1921 para a encenação de *Precipício*, direção de Smichliáiev[50], mas de forma diferente da mobilidade proposta em *Boas Relações com os Cavalos* e em *O Mexicano*. Em resposta a uma demanda de alteração contínua dos cenários – não sei se indicada pelo próprio texto da peça ou idealizada pelo encenador –, Eisenstein propôs uma cenografia móvel que se compunha de "pedaços da cidade", transportados por atores sobre patins. Eis o relato de Eisenstein sobre a concepção visual da peça:

Precipício contém uma cena na qual um inventor, empolgado com sua nova invenção, corre, como Arquimedes, pela cidade (ou talvez estivesse sendo perseguido por *gangsters* – não me lembro exatamente). A tarefa era resolver a dinâmica das ruas da cidade, assim como mostrar a condição de um indivíduo indefeso à mercê da "grande cidade". (Nossas concepções erradas sobre a Europa nos levaram, naturalmente, ao falso conceito de "urbanismo").

Uma divertida combinação me ocorreu, não apenas de usar cenário móvel – pedaços de edifícios e detalhes (Meierhold ainda não criara, para seu *Trust D.E.*, os biombos neutros e lustrosos, *murs mobiles*, para unificar vários lugares de ação) – mas também, possivelmente ante a necessidade de mudanças de cenários, de vincular estas decorações móveis às pessoas. Os atores em patins carregavam não apenas a si mesmos pelo palco, mas também seus "pedaços da cidade". Nossa solução do problema – a interseção do homem e do meio – foi sem dúvida influenciada pelos princípios dos cubistas.

49. Sobre a tipagem eisensteiniana, ver o último tópico do quarto capítulo deste livro.
50. Com direção de M. Altman, a peça estreou em outubro de 1922 no teatro do Proletkult em Moscou, mantendo apenas parte dos cenários de Eisenstein.

Mas as pinturas "urbanísticas" de Picasso tiveram menos importância aqui do que a necessidade de expressar a dinâmica da cidade – relances de fachadas, mãos, pernas, pilares, cabeças, cúpulas. [...] Ainda me lembro das quatro pernas de dois banqueiros, carregando a fachada da bolsa de valores, com duas cartolas coroando o conjunto. Havia também um policial, cortado e esquartejado pelo tráfego. Trajes resplandecentes com perspectivas de luzes girando, tendo apenas grandes lábios pintados visíveis no alto. Tudo isto permaneceu no papel – e agora que até o papel se foi, podemos nos tornar bem pateticamente líricos em nossas reminiscências[51].

A solução encontrada por Eisenstein para representar, ao mesmo tempo, a dinâmica das ruas da cidade e a relação do homem com o meio urbano, consistiu em acoplar pedaços de edifícios e detalhes das ruas no corpo de atores que se movimentariam pelo palco em patins. Quem anda pela cidade, rapidamente, como o inventor de *Precipício*, acaba quase sempre vendo "pedaços da cidade". Há aí a inserção no espetáculo da perspectiva móvel e fugaz dos transeuntes. Neste projeto, o interessante é que Eisenstein não pensou em representar a dinâmica da cidade através simplesmente de cenários móveis que poderiam estar em movimento por obra de algum equipamento mecânico ou eletrônico, ou mesmo por contra-regras em patins. Como era importante para ele representar também a relação entre o homem e a cidade, os atores-transeuntes, então, não serviriam apenas de anteparo para os "pedaços da cidade", eles também integrariam a dinâmica da cidade que é feita de "relances de fachadas, mãos, pernas, pilares, cabeças, cúpulas". Como numa *collage* cubista, ocorre uma subversão das relações entre figura e fundo, pois existe um jogo entre a armação decorativa e o corpo do ator, entre o que seria a representação do espaço e a representação das personagens – cenário e atores estão tensionados numa mesma imagem dinâmica. Eisenstein imaginou uma colagem em movimento formada por várias pequenas colagens ambulantes. Por fim, o dinamismo da imagem cênica é conferido não apenas pela corrida do pintor, mas pela movimentação dos atores-transeuntes + "pedaços da cidade" em patins, imprimindo uma rapidez "artificial" à cena e tornando, de certo modo, a própria velocidade, a rapidez, um dos temas do espetáculo.

A ELETRIFICAÇÃO DOS CADÁVERES DE GÓGOL, CHAPLIN E PIERRÔ

As idéias proclamadas por Marinetti inspiraram artistas como Iúri Ânnenkov, Serguei Radlov, Grigóri Kózintzev, Leonid Trauberg e Gueórgui Krijítzki, sendo os três últimos, ao lado de Serguei Iutkévitch, fundadores da Fábrica do Ator Excêntrico (FEKS) – uma mistura das teorias marinettianas (exaltação da velocidade, glorificação da tecnologia

51. S. M. Eisenstein, *A Forma do Filme*, p. 22.

moderna, estética do circo e do *music-hall*) com o americanismo[52] vivido fortemente na época. O "Manifesto do Excentrismo", publicado em 1922, ano de fundação da FEKS, expressa, como escreve Giusi Rapisarda, "todo o ímpeto iconoclasta que caracteriza o primeiro período das vanguardas soviéticas pós-revolucionárias"[53].

No manifesto, o excentrismo é apresentado como a arte do último segundo, a arte *par excellence* do século XX "hiperbolicamente rudimentar, assombrosa, que crispa os nervos, abertamente utilitária, mecanicamente exata, instantânea, rápida"[54]. O espetáculo em geral é definido como "golpes rítmicos nos nervos", a *pièce*, como "acumulação de truques". A própria redação do manifesto se serve deste procedimento "excêntrico", citando várias referências da cultura de massa, principalmente da cultura americana, como Charles Chaplin, as séries cinematográficas de detetive (*Os Mistérios de Nova York*, *A Máscara que Ri*) e os procedimentos da propaganda norte-americana. Os modelos de espetáculos cultuados são o *music-hall*, o cinema, o circo, o cabaré, o boxe; o parque de diversões, a roda gigante e as montanhas russas que "ensinam à nova geração o AUTÊNTICO RITMO da época".

Cito Strauven:

A originalidade da FEKS consiste em ter apresentado a lição de Marinetti num novo "habit" americanizado, proclamando suas idéias em nome de Nat Pinkerton e de Charles Chaplin. A América é evidentemente apenas uma metáfora, representando um mundo imaginário de alegria e de hilaridade de parques de atrações e de montanhas russas que cortam a respiração[55].

Não deixa de ser curioso, entretanto, que artistas russos, recém-saídos de uma revolução socialista, refiram-se, de uma forma ou de outra, entusiasticamente à América capitalista.

Para os excêntricos, o teatro também é risco, jogo de azar: o espectador deve apostar nos atores como se faz com cavalos de corrida ou agir como o "selvagem brasileiro que eliminou o odiado Otelo com um tiro de pistola"[56]. Não sei se a referência a esse acontecimento envolvendo o "selvagem brasileiro" corresponde a algum fato verídico ou anedótico da época, mas a imagem sugerida por essa citação revela bastante dos desejos da vanguarda soviética e européia de então: um

52. O cinema e a indústria americanos, as aventuras de Tarzã e Pinkerton, os *gangsters* de São Francisco eram admirados não apenas pelos excêntricos mas por toda a Rússia, nos anos de 1920. Cf. A. M. Ripellino, op. cit., p. 142-145. Sobre a influência americana nos espetáculos da vanguarda russa, ver também M. Gordon, Russian Eccentric Theatre: the rhythm of America on the early soviet stage, em N. Baer (org.), op. cit., p. 114-127.

53. G. Rapisarda (org.), *Cine y Vanguardia en la Unión Soviética*, p. 21.

54. Esta primeira citação, assim como as demais desse parágrafo foram retiradas do "Manifiesto del Excentrismo", em G. Rapisarda (org.), op. cit., p. 33 e 35, respectivamente.

55. W. Strauven, op. cit., p. 49.

56. Manifiesto del Excentrismo, em G. Rapisarda (org.), op. cit., p. 38.

selvagem brasileiro, isto é, um ser que vive na selva, que não foi domesticado pela civilização, um ser instintivo, utiliza-se de uma arma de fogo – o aspecto peculiar é que o selvagem não se utiliza de flechas, pedras ou tacapes, mas de uma arma própria do homem dito civilizado –, para cometer, no mínimo, um duplo assassinato: 1. de Otelo, famoso personagem de Shakespeare; e 2. de todo o teatro tradicional.

Para os excêntricos, o teatro, enfim, "não é mais que uma porrada na cabeça"[57].

A primeira obra da FEKS foi a encenação, em 1922, de uma "adaptação" (para os seus idealizadores não se tratava de uma adaptação) de *O Matrimônio* de Gógol, cujos "engenheiros do espetáculo" (estes também não queriam de forma alguma ser chamados de diretores) eram Grigóri Kózintzev e Leonid Trauberg. A encenação trabalhava com gêneros distintos: a opereta, o melodrama, a farsa, o cinema, o *music-hall* e o teatro de máscara. Nesta "adaptação" excêntrica, o personagem principal da peça de Gógol, Ivan Kuzmitch Podkoliochin, dividia a cena com Charles Chaplin e Irma Datsa, heroína de uma aventura da série de "Nick Carter" publicada naquela época em fascículos baratos[58]. Agafia Tikonovna, personagem feminino protagonista da versão original da peça, foi americanizada como Senhorita Agatha. A atriz que a representava mesclava o sotaque norte-americano com o ucraniano[59]. Em um trecho de diálogo, o cientista Einstein tenta convencer Chaplin a se casar com a tal Senhorita, pois "o dote é grande, nós poderemos levar a teoria da relatividade para a tela"[60]. O interessante é que, ao mesmo tempo em que cultuam ícones americanos e da cultura de massa, os excêntricos tratam esses ícones com uma irreverência, de certo modo, destrutiva.

No cartaz da peça *O Matrimônio*, era anunciada a eletrificação do cadáver de Gógol. Este, assombrado com o tratamento dispensado ao seu texto, morre em cena, mas logo é ressuscitado através de choques de uma tomada elétrica. Chaplin também tem de ser eletrificado, pois morre em cena assassinado pelo detetive Nat Pinkerton. Thomas Edison, o inventor da lâmpada elétrica, segundo Natalia Noussinova, é uma presença "seja subentendida seja explícita em todos os textos dos excêntricos na medida em que, semioticamente, assume para eles duas funções primordiais simultaneamente: tanto como símbolo da ciência como da arte moderna, isto é, do cinema, do teatro elétrico"[61].

---

57. Idem, p. 39.
58. Vladimir Nedobrovo, FEKS: Kózintzev y Trauberg, em G. Rapisarda (org.), op. cit., p .93.
59. Idem, p. 134 (nota).
60. Y. Tsivian apud N. Noussinova, Eisenstein excentrique, em D. Chateau; F. Jost; M. Lefebvre (orgs.), op. cit., p. 71.
61. N. Noussinova, op. cit., p. 71.

Grigori Kózintzev, quarenta anos depois de *O Matrimônio*, comenta o espetáculo e as circunstâncias em que foi montado:

> O primeiro espetáculo encenado pela FEKS, *O Matrimônio* de Gógol, era de uma extrema bizarria, pois nossa época se refletia nele violentamente. Tratava-se de uma tentativa de demolição de todas as formas teatrais habituais e de encontrar outras novas, capazes de traduzir o sentimento intenso da nova vida. [...] Experimentávamos uma profunda frustração ante a impossibilidade de traduzir essa sensação do maravilhoso e da importância dos acontecimentos através dos meios artísticos do passado, demasiadamente acadêmicos e excessivamente naturalistas em nosso entendimento. Assim, em nossa encenação de *O Matrimônio*, era dado lugar preponderante ao ritmo; porque o novo não devia ser sentido nem na temática, nem nos personagens, mas no ritmo. *A arte havia mudado seu ritmo*. Aquela época nova havia encontrado sua primeira expressão no ritmo. E isso é de um interesse extremo, porque se dava aí uma espécie de contradição que, por sua vez, explicava por que todas as comparações estabelecidas entre os grupos vanguardistas ocidentais e os nossos me pareciam equivocadas. Em realidade, não se deviam mais do que a circunstâncias da vida. O que fazíamos então, fazíamos em meio à fome e ao frio de um país devastado, em condições de vida duríssimas. O país, em plena guerra civil, enfrentava enormes dificuldades. Mas, não obstante, o sentimento dominante era a afirmação da vida.
>
> [...]
> A estrutura do espetáculo, que incluía circo, cabaré e cinema, era inventada à medida que ensaiávamos e imediatamente modificada como se já tivesse envelhecido. [...] Havíamos descoberto em algum lugar pedaços de um filme de Chaplin, não me recordo qual. Enquanto o filme era projetado sobre a tela, à frente dela, em primeiro plano, se desenrolava uma ação interpretada por atores em carne e osso[62].

Este depoimento de Kózintzev é muito interessante, e diria mesmo tocante, ao contrapor os procedimentos artísticos, de certa forma, comuns às vanguardas européia e soviética à realidade de vida extremamente difícil dos russos. Modernidade artística *versus* aguda crise social. Na fome e no frio, o anseio por uma arte que tem o seu poder centrado no ritmo ganha realmente o sentido de "afirmação da vida". Quando o "excêntrico" Kózintzev afirma que "o novo não devia ser sentido nem na temática, nem nos personagens, mas no ritmo", ele está ressaltando aí que a experiência da modernidade não se dá pela representação de fatos e personagens, mas pelo ritmo, isto é, pela experiência de uma nova percepção do tempo. Na ocasião de uma apresentação, segundo testemunho de Kózintzev, o próprio Eisenstein, descontente com a "lentidão" do espetáculo, mugia e gritava com sua voz aguda: "Não! Muito, mas muito lento! Acelerem esse movimento!"[63]. O tempo vira a matéria-prima do artista. Mas também não se trata aqui de um tempo qualquer, e sim de uma concepção específica do tempo, ligada, nesse caso, à modernidade. Octavio Paz escreve sobre essa nova imagem do tempo que

---

62. G. Kosintsev, em L. Schnitzer; J. Schnitzer; M. Martin, *Cine y Revolución*, p. 112-113.
63. Idem, p. 113-114.

rompe com concepções temporais que tentavam anular ou minimizar as mudanças (passado intemporal do primitivo, tempo cíclico, eternidade cristã), e que se instaura sobre a própria consciência da passagem temporal, exaltando a diferença, a separação, a heterogeneidade, a revolução, a história[64].

O crítico de arte russo Vladímir Nedobrovo, em seu texto sobre os excêntricos no teatro e no cinema, sublinha o caráter de desautomatização da percepção do método da FEKS, que consistiria em "arrancar os objetos e as idéias de seu processo automático"[65]. No mesmo sentido, Chklóvski escreve que "o excentrismo é a luta contra a rotina, o rechaço da percepção e da reprodução tradicional da vida"[66]. Em *O Matrimônio*, o espectador era confrontado com uma "acumulação de truques" de gêneros diversos e em ritmo acelerado, quebrando a todo o momento qualquer possibilidade de continuidade do discurso e instaurando assim um novo modelo de imagem cênica. Para os excêntricos, o sentido do truque está ligado a "acontecimentos que transformam nosso Hoje em algo maravilhoso!"[67]. É Iutkévitch quem relaciona alguns desses acontecimentos "maravilhosos":

O risco, o valor, a violência, a perseguição, a revolução, o ouro, o sangue, as pílulas purgantes, Charles Chaplin, os acidentes ocorridos na terra, no mar e no céu, cigarros extraordinários, as *prima donna* da opereta, todo tipo de aventuras, as pistas de patinação, os sapatos norte-americanos, os cavalos, a luta, as canções, o salto mortal em bicicleta [...][68].

A concepção excêntrica de um espetáculo como "acumulação de truques" não parece tão diferente, pelo menos à primeira vista, da teoria da "montagem de atrações" de Eisenstein. São propostas, entretanto, que divergem em alguns pontos fundamentais. O conceito de atração de Eisenstein parece bem mais amplo do que a noção de truque dos excêntricos. Como se verá mais detalhadamente no segundo capítulo, a atração não se refere apenas a uma performance acrobática ou a qualquer outra performance de circo, ela abrange todo aspecto, momento e elemento capaz de produzir choques emocionais no espectador[69]. Ademais, a atração, segundo Eisenstein, tem de ser montada (montagem *versus* acumulação) ao lado de outras atrações de maneira que o espectador perceba "o aspecto ideológico do espetáculo

---

64. O. Paz, *Os Filhos do Barro*, p. 33-34.
65. V. Nedobrovo, op. cit., p. 90.
66. V. Shklovski, Nacimiento y Vida de la FEKS, em G. Rapisarda (org.), op. cit., p. 86.
67. Manifiesto del Excentrismo, em G. Rapisarda (org.), op. cit., p. 44.
68. Idem, p. 45.
69. S. M. Eisenstein, Montagem de atrações, em I. Xavier (org.), *A Experiência do Cinema*, p. 189.

apresentado"[70]. Ao conceito de atração está ligada a idéia da eficácia. A atração está sempre em relação, seja com o aspecto ideológico do espetáculo, seja com as outras atrações, seja com a reação do espectador. Enfim, o viés "científico" do manifesto de Eisenstein difere bastante do tom exaltado do "Manifesto do Excentrismo". Eisenstein passa da "porrada na cabeça" aos choques controlados no espectador.

Do encontro de Eisenstein, em abril de 1922, com o grupo da FEKS, do qual fazia parte Serguei Iutkévitch, seu companheiro nas aulas de direção e de biomecânica em 1921 no GVYRM e no trabalho como cenógrafo e figurinista para produções de Foregger (MASTFOR), surgiu a possibilidade da dupla trabalhar em parceria na realização de *A Liga da Colombina*, que seria apresentada na Fábrica ou no teatro de Foregger. Meierhold, sob o título de *A Echarpe da Colombina* (1910), e Taírov, sob o de *Véu de Pierrete* (1913), já haviam dirigido a pantomima de Arthur Schnitzler, com música de Ernest von Dohnany. Ao estilo das montagens de Foregger, *A Liga da Colombina*, de Eisenstein e Iutkévitch, parodiava as duas versões dos dois grandes nomes do novo teatro soviético. A encenação de uma pantomima pelo experiente Meierhold e pelo jovem Taírov fazia parte de um movimento, identificável a partir de 1910 aproximadamente, que, em busca de uma especificidade da arte teatral e de sua total independência em relação à literatura, privilegiava a ação sem palavras como forma de atingir esses objetivos.

Em sintonia com as idéias de seus colegas excêntricos, Eisenstein e Iutkévitch também fizeram das montanhas russas – conhecidas pelos russos como montanhas americanas –, fonte de inspiração. No espetáculo *A Liga da Colombina*, o espectador teria que ser abalado emocionalmente e sacudido "quase com a mesma força física com que sacodem os vagões das montanhas russas"[71]. Assim, na abertura do projeto da *Liga* estava escrito: "Invenção das atrações artísticas de Serguei Eisenstein e Serguei Iutkévitch".

Eis a descrição de como seria a encenação segundo o próprio Iutkévitch:

A enorme janela inclinada da água-furtada de Pierrot deveria também servir de plano cênico, e os atores-acrobatas teriam de trepar até lá, agarrando-se a barras e suportes. Os diretores queriam que pela janela não se avistasse a velha e romântica Paris, e sim uma moderna metrópole com propagandas luminosas e lampejos de néon. Pierrot foi transformado em *bohémien* dos anos vinte, Arlequim em banqueiro, e o mestre de danças (as danças se dariam ao som de uma banda de *jazz*) substituído por um autômato à guisa dos cubistas *managers* do balé *Parade*. Naquele esboço de direção surpreendem-se os primeiros indícios da "montagem das atrações": Arlequim devia chegar pela platéia numa corda suspensa, como faria um pouco mais tarde o *népman* Golutvin na encenação de *Até o Mais Sabido Cai* [*O Sábio*], de Ostróvski, dirigida por Eisenstein

70. Idem, ibidem.
71. V. Shklovski, *Eisenstein*, p. 365.

no Proletkult. Os dois jovens diretores intitularam seu argumento *Podviázka Colombini* (*A Liga de Colombina*) e neste escreveram a dedicatória: "Para Vsiévolod Meierhold, mestre da Echarpe – os aprendizes da liga"[72].

A mãe da Colombina vestia um figurino que representava uma máquina de venda, comum em restaurantes. Suas coxas gordas estavam cobertas por algo cor de rosa e cercadas por uma caixa de vidro. Na altura do seu peito, ficava amarrado um balcão onde eram deixados à mostra vidros cheios de aperitivos[73].

Em *A Liga da Colombina* não falta também o tema da eletricidade. Dessa vez, quem é eletrizado e trazido de volta à vida é Pierrô, estrangulado por Colombina com a ajuda da liga que prende sua meia à perna.

Não é Nat Pinkerton – assassino de Charlô em Kózintzev e Trauberg [na peça *O Matrimônio*] –, mas um outro detetive, Ned Rocker, quem, em Eisenstein e Iutkévitch, reanima Pierrô para matar Colombina. A maneira de fazê-lo é sempre mais ou menos a mesma: o detetive instala o cadáver de Pierrô sobre a cadeira elétrica e liga a tomada, só lhe resta em seguida se esconder e esperar a chegada da "femme fatale". Ela chega, e no momento em que toca o interruptor da corrente para acender a luz, vemos o cadáver eletrificado de Pierrô se aproximar dela do outro lado da cadeira com um passo "automatizado", com movimentos mecânicos[74].

Uma das atrações previstas para *A Liga da Colombina* era a exibição de um filme em um momento específico da encenação. Quanto ao que viria ser o primeiro filme de Eisenstein – ocupando o lugar de *O Diário de Glumov*, este incluído na montagem de *O Sábio* (1923) –, Noussinova escreve sobre um episódio descrito no roteiro do tal filme, em que Pierrô, apaixonado por Colombina, toma conhecimento de sua chegada pelo sinal de um aparelho chamado "radioscópio". Surgem na tela letreiros com a fala entre os dois enamorados marcando um encontro. Vê-se Colombina vestida apenas de *lingerie*. E no que seria o roteiro do filme segue escrito:

A pequena janela da tela se desloca verticalmente, mostrando partes do corpo da Colombina, uma depois da outra. A imagem pisca e pára. Vê-se na tela uma perna coberta por uma meia preta segura por uma enorme liga da cor vermelha. Pierrô está em êxtase erótico. De repente ele se volta para o espectador. [Percebe-se que] Pierrô é um velho. A tela se apaga[75].

Admiradores fervorosos do cinema americano e da tecnologia cinematográfica, os excêntricos Kózintzev e Trauberg também haviam incluído a exibição de um filme no espetáculo *O Matrimônio*,

---

72. S. Iutkévitch apud A. M. Ripellino, *O Truque e a Alma*, p. 133.
73. O. Bulgakowa, op. cit., p. 29.
74. N. Noussinova, op. cit., p. 71.
75. S. M. Eisenstein; S. Iutkévitch apud N. Noussinova, op. cit., p. 69.

como mais uma atração dentre tantas outras. Naquela época, o cinema despontava como uma inovação tecnológica com forte apelo popular que apostava nas sensações fortes, na energia nervosa do espectador, numa "estética do espanto". Como escreve Ben Singer no ensaio "Modernidade, Hiperestímulo e o Início do Sensacionalismo Popular":

> Os filmes seriados do início da década de [19]10, como *The Perils of Pauline* e *The Exploits of Elaine*, aperfeiçoaram todas as formas de perigo físico e espetáculo sensacional em explosões, colisões, engenhocas de tortura, lutas elaboradas, perseguições e resgates no último minuto. Não é de surpreender que a vanguarda modernista, atraída pela intensidade das emoções da modernidade, tenha se apossado dessas séries, e do cinema em geral, como um emblema da descontinuidade e da velocidade modernas[76].

Os excêntricos, assim como as primeiras vanguardas do século XX, vão valorizar o entretenimento de massa da época – os parques de diversões (abertos na virada do século), o teatro de Grand-Guignol, o *music-hall*, o circo, o cinema – por sua violência, por sua capacidade de provocar vertigem e sensações fortes no espectador, e por sua qualidade espetacular. O que está em jogo nesse tipo de entretenimento é menos a necessidade de recriação de uma ilusão dramática do que a estimulação direta do espectador pelo choque e pela surpresa[77]. O acolhimento dos gêneros considerados menores, da "arte vil", acaba funcionando não apenas como uma inclinação estética, mas também como forma de pôr em questão as formas estabelecidas da "grande arte" apreciada pela burguesia.

Eisenstein e seus pares vanguardistas buscavam criar uma imagem cênica acelerada, híbrida, excêntrica, desnaturalizada. Daí a recorrência à fragmentação do discurso, ao convencionalismo da encenação, ao uso de máscaras, de acessórios e gestos que desumanizam o corpo do ator, as referências à tecnologia, enfim, o entendimento da arte como puro artifício.

Esse olhar excêntrico, diferenciado, volta-se para a própria vida e para todas as artes em geral. O cinema como uma arte nova, produ-

---

76. B. Singer, Modernidade, Hiperestímulo e o Início do Sensacionalismo Popular, em L. Charney; V. R. Schwartz (orgs.), *O Cinema e a Invenção da Vida Moderna*, p. 136.

77. Tom Gunning, no ensaio "The Cinema of Attractions: early film, its spectator and the avant-garde", observa que os primeiros filmes realizados antes da narrativização dominante no cinema (que, segundo o próprio, deu-se a partir de 1906) possuem uma característica comum: são um "cinema exibicionista", ou, como ele intitula – inspirado pelo uso do conceito de *atrações* por Eisenstein –, um "cinema de atrações". Nesses filmes, o enredo funcionaria apenas como um pretexto para o que seria a maior atração do cinema para o espectador: a força ilusória das imagens (sejam aquelas de ilusão realista produzidas pelos irmãos Lumière ou de ilusão mágica, realizadas por George Méliès) e o exotismo delas. T. Gunning, The Cinema of Attractions: early film, its spectator and the avant-garde, em T. Elsaesser (org.), *Early Cinema*, p. 56-62.

zindo imagens através de uma máquina, apresentava-se como um modelo estético muito importante para se pensar o movimento, o tempo e o espaço no teatro, e não poderia também simplesmente se ancorar no naturalismo. Em "A Oitava Arte. Sobre Expressionismo, América e, é claro, Chaplin", que poderia ser considerado o primeiro texto teórico de Eisenstein, escrito a quatro mãos com Iutkévitch e publicado em novembro de 1922, os dois Sergueis já se mostram preocupados com a nova tendência naturalista do cinema ocidental, abordando a questão do som no cinema e as "tentações da ilusão" para a nova arte. Os modelos para um cinema "estilizado", que contrabalançaria essa tendência naturalista, seriam o filme alemão expressionista *O Gabinete do Dr. Caligari*, os filmes de animação e os filmes de aventuras de detetive, originários da América.

Da investigação dos modelos de uma arte excêntrica, seja no teatro, no cinema, nas artes plásticas, ou nas formas de entretenimento popular, Eisenstein, desde sempre, aliando prática e rigor teórico, sistematizou sua própria teoria do espetáculo teatral, que terá ressonâncias importantes nas suas realizações teóricas e práticas no âmbito do cinema, passando da "excêntrica" "acumulação de truques" ao pretenso cientificismo da "montagem de atrações".

UMA CONVERSA TENSA AO LONGO
DO ARAME ESTICADO

Os artistas da vanguarda russa, apesar da distância geográfica de centros artísticos como a Itália e a França, incorporavam, a seu modo, como já vimos, as propostas estéticas dos movimentos futurista e cubista. Nesse contexto, penso ser importante destacar a experiência de Vladímir Tátlin, pois foi um artista que redefiniu e expandiu os princípios cubistas e cuja obra está estreitamente ligada ao que se convencionou chamar de movimento construtivista.

A trajetória artística de Tátlin não é muito diferente daquela de vários outros artistas da vanguarda russa dos anos de 1910 e 1920. Logo no início da sua carreira profissional, ele se voltou para o teatro e passou a conciliar, desde então, seu trabalho como responsável pela concepção visual da cena teatral com o seu trabalho como escultor. Criou, dentre outros, o *design* cênico da ópera de Mikhail Glinka, *A Vida pelo Tzar* (ou *Ivan Susanin*) (1913-1914) e da ópera de Richard Wagner, *O Holandês Voador* (1915-1918) – estas duas produções não chegaram a ser apresentadas –, e o *design* cênico de *Zangesi* (1923). Nesses trabalhos fica evidente o diálogo com as propostas cubistas, que já eram uma referência artística forte na Rússia desde aproximadamente 1911-1912, quando muitas pinturas de Picasso passaram a compor o acervo de Serguei Tchúchkin e ficaram disponíveis à freqüentação de artistas e estudantes. Tátlin admirava as obras de Picasso o bastante para, no final de 1913, então com 28 anos de idade, partir para Paris a fim de conhecer o mestre malaguenho e oferecer-se como seu aprendiz. Picasso não aceitou tal proposta, mas Tátlin pôde visitar o ateliê do artista diversas vezes durante pouco mais de um mês, quando seu dinheiro acabou e ele teve de retornar à Rússia. Tátlin começou a fazer então uma série de "contra-relevos", espécies de colagens de folha-de-flandres, papelão e arame, que configuravam, segundo Rosalind Krauss, uma interpretação extremada das construções de Picasso. Em seus relevos cubistas, Picasso ainda utilizava elementos de uma linguagem pictórica (hachuras, sombreados, técnica da perspectiva), embora os privando da sua função de provocar no observador a ilusão de um espaço virtual e forçando-os a se tornarem meramente decorativos. Já Tátlin, em seus contra-relevos, rompe definitivamente com uma tradição artística ilusionista, despontando assim, quando da exposição desses relevos em 1915, como "o mais radical escultor russo"[78], para usar a expressão de Rosalind Krauss.

As considerações feitas por Krauss quanto aos contra-relevos de Tátlin possibilitam uma visada bastante profícua para se abordar certos aspectos da imagem cênica ligada à experiência construtivista do escultor e cenógrafo russo. A partir do que foi considerado até aqui, desenvolvo mais adiante algumas idéias sobre as relações entre o construtivismo de Tátlin e encenações de Meierhold e de Eisenstein. Antes de tudo, é importante ressaltar que o emprego do termo "construtivismo" e a sua própria origem, segundo François Albera, suscitam confusão, havendo assim uma certa impossibilidade de definição exata deste termo[79]. No início dos anos de 1920, o termo foi utilizado para descrever programas artísticos tão díspares quanto o de Tátlin e o de Naum Gabo. Este voltado para um certo tipo de idealismo escultural, e aquele se opondo completamente a esse tipo de visão e desenvolvendo seu trabalho "pelo espaço real e pelos materiais reais". Albera relaciona ao construtivismo artistas e teóricos de correntes antagonistas que partilhavam, contudo, de uma preocupação com a finalidade social da obra artística e da valorização da obra como construção[80]. Concentro-me na obra de Tátlin, e não na de artistas como Malévitch, Naum Gabo ou Antoine Pevsner, porque as observações suscitadas pela obra desse artista me parecem mais "rentáveis" para se pensar certas experiências de Meierhold e Eisenstein. Pretendo, deste modo, estabelecer uma comparação entre as concepções de construtivismo plástico e teatral a partir de obras significativas desses três autores russos.

78. R. Krauss, *Caminhos da Escultura Moderna*, p. 66.
79. F. Albera, *Eisenstein e o Construtivismo Russo*, p. 167.
80. Idem, p. 169-170.

Volto agora para os contra-relevos. Estes também são chamados de "relevos de canto de parede", pelo fato de serem pendurados em relação ao encontro de dois planos de parede. Krauss sublinha a qualidade radical dos relevos de canto de Tátlin pela maneira como rejeitam a idéia de espaço transcendental – ligada a uma tradição artística idealista –, em dois sentidos diferentes: "em primeiro lugar, no antiilusionismo de sua situação e, em segundo, na atitude que manifestam para com os materiais de que são feitos"[81].

Ao relacionar os seus relevos aos planos de paredes reais, que servem de suporte físico da obra, Tátlin não segrega sua obra do espaço real. Não há um pedestal de base ou uma tela de pintura demarcando e separando, por exemplo, o espaço conceitual da obra e o espaço do mundo. O relevo, como bem observa Krauss, "apresenta uma continuidade em relação ao espaço do mundo e depende deste para ter um significado"[82]. A qualidade antiidealista da estrutura, ainda segundo Krauss, também é ressaltada por não apresentar um núcleo imaginado, gerador de um sentido total da obra. O elemento central do contra-relevo, nesse caso, vem a ser o próprio vinco vertical que marca o encontro das duas paredes; é o canto da parede. E em relação a esse canto, a obra não apresenta uma simetria que organize o seu sentido. Há uma exteriorização da lógica estrutural da escultura, não havendo um sentido localizado no interior, além ou fora da obra ou dos materiais utilizados nela.

O próprio Tátlin denominava seus relevos "uma cultura dos materiais". Para ele, uma obra artística é uma construção cuja forma é ditada pelo material utilizado. Nesse sentido, o artista-construtor tem de estar atento às propriedades físicas dos materiais. O metal, a madeira e o vidro, para ficar com alguns tipos de material com os quais Tátlin trabalhou, possuem, cada qual, especificidades físicas próprias (maleabilidade, transparência, solidez, reflexão da luz etc.) que contribuem, à sua maneira, para a construção de uma obra artística.

Essas considerações acerca do antiilusionismo dos contra-relevos de Tátlin e da sua "cultura dos materiais" são fundamentais para se entender, em certos aspectos, o que encenadores da Rússia pós-Revolução Bolchevique propuseram para a cena teatral. Nesse contexto, o nome de Meierhold não pode deixar de ser citado, tendo em vista a relevância de suas experiências artísticas, de certa forma, sintonizadas com a visão construtivista de Tátlin apresentada acima. Para estabelecer uma comparação com os contra-relevos, escolhi uma montagem de Meierhold considerada emblemática do que se conhece por "construtivismo teatral" – *O Corno Magnífico*, peça de Crommelinck, encenada por Meierhold em 1922. Para o espetáculo,

---

81. R. Krauss, op. cit., p.67.
82. Idem, ibidem.

Liubov Popova não pintou um telão e sim "construiu" uma enorme estrutura de madeira que poderia, conceitualmente, funcionar em qualquer lugar, seja no palco de um teatro ou na rua de uma cidade. Meierhold varreu do palco todos os elementos decorativos e supérfluos que, segundo ele, atravancavam a atuação do ator, só restando a tal estrutura esquelética, munida de escadas, rampas e plataformas. A idéia de cenário como decoração ou representação de algo é inteiramente repudiada. Naquele tempo, o próprio conceito de cenografia parecia, para muitos, vencido. Nesse sentido, vale ressaltar que os atores, por sua vez, não se apresentavam maquiados e vestiam, todos, uma espécie de uniforme (*prozodezdha*). Em *O Corno Magnífico*, a estrutura de madeira que ocupa o palco não está vinculada à criação de um espaço ilusório, mas sim à construção de uma estrutura estreitamente relacionada ao trabalho daquele que Meierhold considera ser o principal material do teatro: o ator. A construção de *O Corno Magnífico* funcionava como máquina para o trabalho dos atores. "Definindo e estruturando a área de atuação", como escrevem Gordon e Law, "a construção ajudava os atores de forma muito semelhante a que uma máquina apropriadamente projetada propicia à produção mais eficiente de um trabalhador"[83]. Na definição acertada de Albera, o palco construtivista é concebido como uma "máquina-ferramenta cênica"[84]. E aqui entram também as noções de funcionalidade, economia e produtividade, importantes para se pensar a concepção visual do espetáculo teatral pretendido na época.

A cenografia construtivista (difícil fugir desse aparente paradoxo) rompia então tanto com a concepção de cenário como imitação do mundo (cenografia naturalista), quanto com a concepção simbolista da cena, que apostava fundamentalmente no poder sugestivo das imagens e ritmos cênicos. Entretanto, retomando as observações críticas de Rosalind Krauss sobre os relevos de Tátlin, procurarei estabelecer uma comparação entre eles e essa montagem específica de Meierhold, tendo no horizonte da análise a relação entre espaço da obra e espaço do mundo. Nessa perspectiva, a construção do espaço de atuação em *O Corno Magnífico* não deixa também de funcionar, a meu ver, como uma espécie de pedestal para o trabalho do ator, isolando, definindo e colocando limites entre o espaço do mundo e o espaço de atuação. Mesmo que a construção de Popova fosse colocada no espaço real da rua, como se pensou ser possível fazer, buscando-se provavelmente uma relação mais estreita entre a apresentação teatral e o espaço real – proposta semelhante à relação entre os relevos de Tátlin e o canto de parede –, ainda assim a construção estaria isolando a área de atuação. A "máquina-ferramenta cênica" oferece autonomia ao espaço

---

83. A. Law; M. Gordon, *Meyerhold, Eisenstein and Biomechanics*, p. 43.
84. F. Albera, op. cit., p. 236.

teatral em relação ao espaço do entorno, funcionando, assim, como um pedestal para a cena, diferentemente da relação estabelecida entre obra e espaço real proposta pelos relevos de Tátlin, conforme o comentário de Krauss. Na montagem de Meierhold já há, obviamente, um rompimento com a criação de um espaço ilusório de atuação, mas o antiilusionismo proposto por Tátlin é mais radical. Essas são as impressões que tenho ao ver fotos do espetáculo e ao ler relatos sobre a peça.

Em *Máscaras de Gás* (1924), Eisenstein, aluno de Meierhold, investe numa proposta cênica que pode ser vista de maneira mais próxima da proposta artística dos contra-relevos de Tátlin no que diz respeito à sua relação com o "espaço real" e os "materiais reais". Nesse seu último espetáculo como encenador do Proletkult, Eisenstein fez o espaço da atuação coincidir com o espaço do mundo. A peça era baseada numa história real envolvendo um acidente numa fábrica de gás. Eisenstein, então, encenou o espetáculo numa fábrica de gás verdadeira. Contudo, o cerne da concepção do espetáculo, segundo Eisenstein, não era apenas o emprego cênico do prédio da fábrica de gás, mas dos seus arredores, da rua, da cidade, do país, que passavam a compor uma arquitetura cênica totalizadora[85]. Pelo que se depreende da proposta eisensteiniana, o espectador, a caminho do espetáculo, já faria da cidade um grande teatro. Dentro da fábrica de gás, o único elemento cenográfico era uma plataforma simples que figurava em meio às máquinas industriais e às grandes plataformas da própria fábrica. Os atores usavam figurinos e maquiagem que os assemelhavam ao operário em seu ambiente de trabalho. Conforme Albera, "o lugar da representação se confundia com o lugar figurado: a materialidade, a importância do material atingia, portanto, seu ápice"[86]. Eisenstein queria um espaço que não fosse construído artificialmente. Como acontece com os relevos de Tátlin, segundo Rosalind Krauss, o sentido dessa obra teatral depende da sua relação com o espaço real.

Se por um lado a encenação de *Máscaras de Gás* teria ambições semelhantes aos relevos de Tátlin no sentido de não isolar o espaço da atuação do espaço do mundo, por outro lado, entretanto, essa mesma encenação também assume o caráter de uma obra completamente diversa dos contra-relevos. Rosalind Krauss aponta a qualidade antiilusionista dos contra-relevos como um aspecto radical da obra de Tátlin, mas não se pode dizer o mesmo da experiência de Eisenstein em sua citada encenação. Nesta, o "espaço real" e os "materiais reais", ao invés de proporcionarem a qualidade antiilusionista da obra, acabaram na verdade colaborando para o seu caráter fortemente ilusionista. Eisenstein escolhe o espaço de uma fábrica verdadeira para contar a história real

85. R. Taylor (org.), *S. M. Eisenstein*, v. 3, p. 3.
86. F. Albera, op. cit., p. 240.

de um acidente que aconteceu numa fábrica de gás. A redundância da realidade funciona aqui como procedimento para envolver o espectador de forma mais eficaz na representação desse acidente. Eisenstein pretendia, ainda, fazer com que o final do espetáculo coincidisse com o horário de início do trabalho dos verdadeiros operários da fábrica. Diferentemente, Tátlin não redunda o real como Eisenstein. Tátlin aproveita um canto de parede para elaborar uma construção, uma obra não-figurativa, na qual a incorporação desse elemento real não tem o compromisso de representar nada além da sua própria materialidade como canto de parede. Ao invés da relação de continuidade que há entre o objeto construído e o espaço do mundo nos relevos de Tátlin, em *Máscaras de Gás* há uma coincidência, ou mesmo identificação, entre espaço da obra e espaço do mundo.

Essa relação coincidente entre obra teatral e espaço real na montagem de Eisenstein foi afetada por um aspecto fundamental, inexistente no caso de Tátlin, que é a ficção. Um maior realismo da encenação se impôs por causa da ficção da peça, baseada em fatos reais. Pelo relato de Hamon, esse espetáculo tendia a uma forma de realismo. Ela cita o seguinte comentário de Eisenstein sobre a encenação: "aqui o heroísmo e o patético nos são dados através da densidade banal da experiência cotidiana [...]"[87]. Segundo Bulgakowa, a crítica da época fez chacota do "naturalismo pré-histórico e ingênuo" da encenação[88]. Nesse sentido, poder-se-ia dizer que o material ficcional ditou a forma da peça, mais do que a materialidade da fábrica e de seus equipamentos. A história real ditou a forma da encenação no que diz respeito à atuação e à caracterização dos atores, voltada para o cotidiano de um operário de fábrica, à sonoplastia da peça, realizada com os barulhos reais da fábrica, ao forte cheiro de gás ressaltando ainda mais a realidade do lugar, enfim, às escolhas cênicas do encenador.

É importante ressaltar que a concepção da obra de arte como uma construção vale não apenas para o espaço cenográfico, mas também para o espetáculo teatral como um todo, sobretudo no que diz respeito à performance exigida para o ator. Meierhold inseriu em *O Corno Magnífico* alguns exercícios de biomecânica, que era, então, o seu novo sistema de treinamento do ator. Para Meierhold, o ator deveria criar movimentos a partir da mecânica e da materialidade do seu próprio corpo, abdicando de qualquer psicologismo nessa criação/construção. Aqui vejo uma certa relação entre a biomecânica e a "cultura dos materiais" de Tátlin. É o próprio Meierhold quem escreve em "O Ator do Futuro e a Biomecânica" (1922): "A arte do ator

---

87. S. M. Eisenstein apud C. Hamon, Le Montage dans les premières réalisations d'Eisenstein au théâtre, em D. Bablet, (org.) *Collage et montage au théâtre et dans les autres arts durant les années vingt*, p. 157.

88. O. Bulgakowa, op. cit., p. 45.

consiste na organização de seu próprio material, isto é, na capacidade de utilizar de forma correta os meios expressivos do próprio corpo"[89].

A importância dedicada ao corpo do ator reside no fato de que, para Meierhold, "construir o edifício teatral baseando-se na psicologia é como construir uma casa sobre areia: acabará necessariamente desabando. Todo estado de ânimo psicológico está condicionado por determinados processos fisiológicos"[90].

A biomecânica encontrava respaldo na teoria do engenheiro e economista americano Frederick Taylor (1856-1915), que recomendava a organização científica do trabalho, bem como nas pesquisas realizadas por fisiologistas, psicólogos e outros pesquisadores da linha objetivista, que tentavam explicar o comportamento humano, minimizando o significado do inconsciente e repudiando a noção de alma. Dentre esses pesquisadores do comportamento, destacam-se, para a concepção de biomecânica, tanto o fisiologista russo Ivan Pavlov (1849-1936), que descobriu os reflexos condicionados e formulou sua concepção geral da atividade nervosa superior, quanto o filósofo americano, interessado em psicologia, William James (1842-1910), que concluiu ser a emoção diretamente ligada ao corpo físico. A frase de James: "Não choramos porque estamos tristes, estamos tristes porque choramos" serve de fundamento para vários artistas russos da época, como Foregger e Radlov, ligados à nova escola objetiva da ação teatral. Na biomecânica de Meierhold, o ator não deve evocar uma emoção, ele deve saber qual ação está ligada a esta emoção, pois se ele reproduz esta ação, ele alcança a emoção desejada. Como se verá no próximo capítulo, a teoria eisensteiniana do movimento expressivo deriva da biomecânica.

Meierhold e Eisenstein compartilham, cada qual a seu modo, da visão, predominante na época, da máquina como símbolo do novo mundo. Não é à toa que Eisenstein encena *Máscaras de Gás* numa fábrica e que a construção de *O Corno Magnífico* se assemelhe à estrutura exposta de um mecanismo. As noções de eficiência, racionalidade, produtividade relacionavam-se não apenas ao trabalho do ator e ao espetáculo como um todo, mas também ao trabalho do operário e ao Estado socialista. Os líderes políticos soviéticos estavam empenhados numa engenharia política e econômica que visava à construção desse novo Estado.

Entretanto, esse ideal da máquina destoa completamente da situação precária real da Rússia pós-revolucionária. Segundo Seton, no outono de 1920, Eisenstein chega numa Moscou estagnada: meios de comunicação quase inteiramente destruídos, escassez de alimentos, falta de energia, queima de móveis e de casas de madeira para não se

---

89. V. E. Meyerhold, *Textos Teoricos*, v. 1, p. 294.
90. Idem, p. 295.

morrer de frio, mortes causadas pelo tifo[91]. Vê-se que há uma distância considerável entre o ideal artístico e político da época e a situação real da população soviética. Chega a ser espantoso, tanto no bom quanto no mau sentido, imaginar os teatros sem calefação da época, abrigando espetáculos nos quais os atores, descendo por rampas e saltando em plataformas, tinham que racionar o pão e viver de cartão de alimentação.

Quando monta *O Sábio*, no ano de 1923, seu primeiro espetáculo profissional como encenador, Eisenstein apresenta uma proposta de "construtivismo teatral" bem mais interessante do que a que realizou posteriormente em *Máscaras de Gás*.

Para a montagem de *O Sábio*, Eisenstein transformou o antigo teatro privado de Mamontov – na época, já estabelecido como teatro do Proletkult – numa espécie de arena de circo. De acordo com a descrição de Christine Hamon[92], os espectadores ficavam sentados em duas arquibancadas. Estas eram separadas por uma passagem de acesso e cercavam a metade da pista circular coberta por um tapete verde. As paredes da sala que delimitavam o espaço da apresentação foram cobertas por um tecido escuro, deixando aparecer na porção superior das paredes a decoração pomposa do antigo teatro. Um tecido listrado, por sua vez, se antepunha ao tecido escuro cobrindo também a porção inferior das paredes da sala. Em meio à arena, uma plataforma de dois níveis era empregada para todas as seqüências, por meio de algumas adaptações. Segundo Eisenstein, o cenário de *O Sábio* seguia o "estilo construtivista" em voga na época: o cenário, reduzido ao essencial, servia como instrumento para a performance do ator e fora construído com pedaços de maquinaria (cabos e chapas de metal)[93]. Entretanto, é importante ressaltar que Eisenstein insere essa "máquina construtivista" no espaço do circo, e quem trabalha nessa "máquina" não são atores vestidos como operários, como acontece em *O Corno Magnífico* e em *Máscaras de Gás*, e sim palhaços, vestidos de maneira espalhafatosa e com maquiagem carregada.

Eisenstein teoriza sobre essa variedade de aspectos visuais de *O Sábio* em seu manifesto "Montagem de Atrações". Nesse manifesto, ao qual retornarei com mais vagar no próximo capítulo, Eisenstein expõe o seu "novo método de construção do espetáculo teatral". Para Eisenstein, aspectos decorativos do espetáculo, elementos que seriam considerados supérfluos para a construção de uma cena construtivista, ganhariam *status* de elemento estrutural da encenação. Em "Montagem de Atrações", Eisenstein considera o espectador o "material básico do teatro" e não o ator, como pensava Meierhold. Sendo o

---

91. M. Seton, *Eisenstein*, p. 75.
92. C. Hamon, op. cit., p. 151.
93. R. Taylor (org.), op. cit., p. 4.

espectador o aspecto fundamental da sua teoria, Eisenstein vai operar com todas as partes constitutivas do aparato teatral, pois

para o espectador, a "voz de ouro" de Ostiév não vale mais que a cor da malha da prima-dona, o toque de tímpano vale tanto quanto o monólogo de Romeu, o grilo na lareira não vale menos que o espocar de fogos sob a poltrona da platéia[94].

Todos esses aspectos – voz, cor, som, texto, performance, acontecimento –, múltiplas formas de influência exercida sobre o espectador, serão reduzidos por Eisenstein a um denominador comum – a *atração*. Assim sendo, o objetivo de impressionar o espectador, de afetá-lo, desfaz a hierarquia dos elementos cênicos: o monólogo vale tanto quanto a cor da malha.

Eisenstein escreve em seu manifesto:

> No plano da elaboração de um sistema de construção do espetáculo, resta somente transferir o centro de atenção para o que era previamente considerado acessório e ornamental, mas de fato constitui o veículo básico das intenções não-convencionais da encenação; ou seja, é o necessário[95].

À primeira vista, parece contraditório pensar o "elemento autônomo e primário da construção do espetáculo"[96] (de qualquer espetáculo), a *atração*, como algo anteriormente visto como mero adorno, decoração. No entanto, Eisenstein entende que são justamente os elementos de forte apelo visual e sonoro, presentes, por exemplo, no teatro de feira, no circo, no teatro de variedades e no Grand-Guignol, que com sua qualidade impressionante conseguem arrebatar o espectador, provocar, nele, choques emocionais.

Eisenstein transforma, portanto, o ornamento em elemento estrutural do espetáculo. Entretanto, por mais paradoxal que possa parecer, o elemento estrutural não perde também o seu caráter de ornamento. Digo isso porque Eisenstein, ao se referir ao uso de cabos e chapas de metal no cenário de *O Sábio*, afirma que estes "elementos que numa primeira instância assumiam um papel funcional – foram destacados, [e então passaram] a adquirir um caráter estético puramente decorativo"[97].

Aleksandr Levshin, tratando dos ensaios de *O Sábio*, nos quais participou como ator, escreve o seguinte sobre os objetivos de Eisenstein nessa montagem:

> Se antigamente (na Idade Média) diálogo, dança, canto, acrobacia, demonstrações de força, animais exóticos, e, em geral, qualquer coisa incomum, tudo compunha uma única totalidade teatral ("o teatro dos charlatões", *Commedia dell'Arte*), depois o teatro foi dividido. Drama, balé, ópera (as artes "altas"), circo, farsa, *balagan*, e

---

94. S. M. Eisenstein, *Au-delà des étoiles*, p. 117.
95. S. M. Eisenstein, Montagem de Atrações, em I. Xavier (org.), op. cit., p. 191.
96. Idem, p. 190.
97. R. Taylor (org.), op. cit., p .4.

shows de animais (as artes "baixas") tudo ficou separado. Em sua primeira produção, Eisenstein tencionava sintetizar os elementos das artes "alta" e "baixa". Eisenstein planejava mobilizar todos os aspectos de várias formas de espetáculo de maneira a afetar o espectador contemporâneo[98].

Vê-se que além da quebra da hierarquia entre os elementos cênicos, Eisenstein desfaz também a hierarquia entre arte "baixa" e arte "alta". Eisenstein procede então da seguinte maneira: isola os momentos e os elementos de maior impacto e surpresa de espetáculos populares e compõe com eles uma outra estrutura. Este novo modelo de espetáculo ganha um forte teor de agressividade. O espectador, antes acostumado a ser surpreendido no momento esperado, ao final do espetáculo, por exemplo, agora é sacudido a todo instante. O tempo da atração é o tempo imediato. Eisenstein retoma os efeitos ditos ornamentais de espetáculos convencionais para criar justamente o não-convencional. Aquilo que era apenas parte de um todo se torna, agora, a base de todo o espetáculo. O eventual se torna sistemático. Esta intensificação e repetição de momentos fortes mudam a função do espetáculo. O impacto da obra vem também desse excesso.

Esse movimento de fazer o elemento secundário, periférico, tornar-se o principal, pode ser pensado também em um contexto mais amplo, tendo em vista a situação da Rússia de então: com a Revolução Bolchevique, o trabalhador, antes marginalizado, toma o poder; a Rússia, por sua vez, toma a dianteira do processo revolucionário no mundo. A periferia, de certo modo, torna-se centro. A proposta teatral eisensteiniana de quebra de hierarquias e de uma montagem de choques permanentes no espectador parece querer também exercitar esse espectador para o choque, o conflito, a Revolução.

A radicalidade de Eisenstein em *O Sábio* me parece muito próxima daquela de Tátlin em seus contra-relevos pela maneira como aquele vai romper também com um projeto artístico ilusionista fundamentado em um sentido lógico e ordenado de mundo. Da intriga de Ostróvski, atualizada, parodiada e fragmentada, Eisenstein vai apenas empregar seu enredo básico, atendo-se a uma certa continuidade da narrativa – Glumov, a pedido de seu tio Mamaiev, fica encarregado de fazer companhia à tia, que acaba levando a sério as liberdades do sobrinho cujo interesse maior, entretanto, é dar o golpe do baú numa jovem herdeira noiva de um hussardo – para realizar, por fim, uma montagem de atrações de circo, *music-hall* e de cinema (inclusão do curta-metragem *O Diário de Glumov*, primeira experiência cinematográfica de Eisenstein)[99].

98. A. Levshin, At Rehearsals of "the Wiseman", em A. Law; M. Gordon, op. cit., p. 170.

99. A primeira controvérsia dentre tantas outras entre Eisenstein e, usando as palavras de Tsivian, o mais dedicado construtivista, o cineasta Dziga Vertov, deu-se na

Nessa encenação, como nos contra-relevos, há uma exteriorização da estrutura da obra, uma ênfase no seu processo de construção, de montagem, e no seu aspecto concreto. O significado da obra é dado pela sua construção, pela maneira como os materiais se relacionam entre si. Se Tátlin precisa de uma grande força tensiva para suspender os elementos do relevo no espaço, utiliza-se do arame, seguindo o que denominava "cultura dos materiais". Atitude parecida assume Eisenstein. É ele quem escreve: "Havia dois pilares [no espaço cenográfico de *O Sábio*], um arame esticado entre eles, e Alexandrov caminhava ao longo desse arame e mantinha uma conversa tensa com a garota que estava andando por baixo do arame"[100]. No caso, se Eisenstein precisa de uma "conversa tensa", ele também vai se utilizar do arame e do perigo iminente de atravessá-lo. O tom da conversa, portanto, não é dado por nenhum estado interior do ator, ele é dado por condições exteriores ao próprio ator. Se Eisenstein precisasse de uma "conversa dinâmica", talvez colocasse os atores conversando ao mesmo tempo em que lutam boxe ou deslizam por escorregadores.

Por outro lado, entretanto, como se depreende da citação de Levshin, todo esse projeto de ruptura de Eisenstein está comprometido com a idéia de síntese, de totalidade, de máquina. Ismail Xavier observa:

> O teatro de atrações de Eisenstein tem um lado *agit-prop*, é pedagogia militante que procura um controle de seus efeitos (o espectador deve caminhar na direção ideológica desejada); quer, no entanto, alcançar eficiência e sentido claro a partir de uma experiência estética que confia em certa afinidade entre seu teor agressivamente moderno e a estrutura psíquica da platéia[101].

No próximo capítulo, no tópico dedicado à teoria eisensteiniana do movimento expressivo, tratarei dessa relação de afinidade, citada por Xavier, entre o choque e a estrutura psíquica da platéia. O importante aqui é assinalar que, apesar de espetáculos bem diferentes, *Máscaras de Gás* e *O Sábio* estão ligados por uma única proposta estética bem definida: a de fazer o espectador "caminhar na direção

---

filmagem do que seria o primeiro curta-metragem de Eisenstein, *O Diário de Glumov*. Como Eisenstein não tinha experiência na realização de filmes, Vertov foi indicado como seu orientador nas filmagens. Logo ele, fundador do grupo Cine-Olho (*Kinoki*), que reivindicava um cinema autêntico, repudiando por completo qualquer influência literária ou teatral. E naquele momento, Vertov estava especialmente empenhado em filmar a "vida apreendida de surpresa". Este quando viu, logo no primeiro dia de filmagem de *O Diário de Glumov*, Maxim Strauch e Ivan Pyrev vestidos como palhaços, e Grigóri Alexandrov usando uma máscara e uma cartola pretas, com a orientação de Eisenstein para escalar a torre de uma *villa* e lá do alto saltar para dentro de um carro em movimento, desistiu de ajudá-los e levou consigo o fotógrafo, que também achou a cena muito perigosa. O filme acabou sendo fotografado por Boris Frantsisson.

100. R. Taylor (org.), op. cit., p. 4.
101. I. Xavier, Eisenstein: a construção do pensamento por imagens, em A. Novaes (org.), *Artepensamento*, p. 360 e 361.

ideológica desejada". Tanto no teatro como no cinema, Eisenstein está sempre lidando com essas tensões entre o fragmento e o todo, a identificação e o estranhamento, a coincidência e a diferença, o secundário e o principal.

Por fim, vale destacar que o aspecto da atração como algo anteriormente ornamental que se torna estrutural vai ganhar um desenvolvimento próprio na teoria de Eisenstein. Desde 1935, ele trabalhou em um grande projeto de livro chamado inicialmente *Grundproblem* (Problema Fundamental) e depois *Método*. A maior parte desse projeto ambicioso continua inédita. Uma das coisas sabidas, entretanto, sobre o tal projeto é que uma de suas partes era consagrada à questão do ornamento[102].

---

102. B. Amengual, *Que Viva Eisenstein!*, p. 684.

Aleksandr Golóvin
Cenário de Mascarada *(1917)*

Aleksandr Golóvin
Cenário de Mascarada *(1917)*

Exercício biomecânico
"O salto para o colo"

Exercício biomecânico
"O golpe do punhal"

Serguei Eisenstein
Cenário de O Mexicano *(1921)*

Cena de O Mexicano *(1921)*

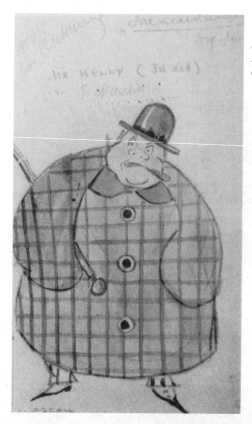

*Serguei Eisenstein
Figurino para personagem
de* O Mexicano *(1921)*

*Serguei Eisenstein
Figurino para
personagem de
O Mexicano (1921)*

Serguei Eisenstein
Figurino para personagem
de O Mexicano *(1921)*

Serguei Eisenstein
Figurino para o repórter
de O Mexicano *(1921)*

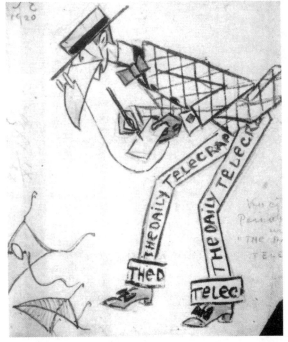

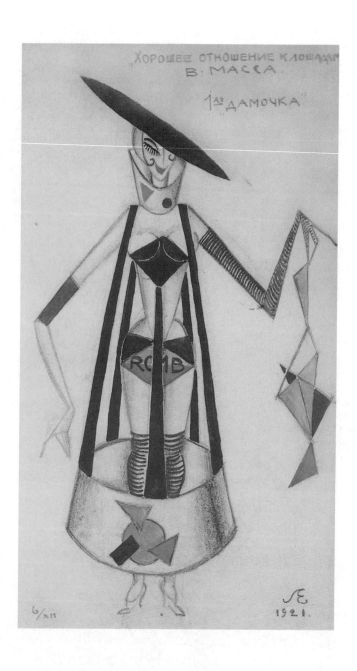

Serguei Eisenstein
Figurino para a Primeira Coquete de Boas Relações com os Cavalos *(1922)*

Serguei Eisenstein
Figurino para personagem de Boas Relações com os Cavalos *(1922)*

Serguei Iutkévitch
Figurino para a dançarina Ludmilla Semenova
Boas Relações com os Cavalos *(1922)*

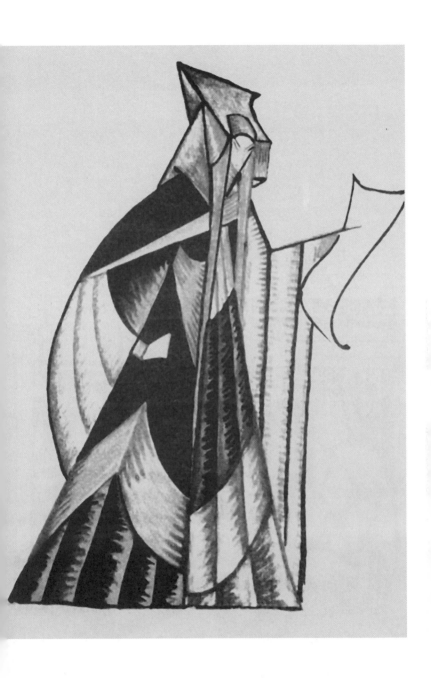

Serguei Eisenstein
Figurino para Lady Macbeth (1922)

Serguei Eisenstein e Iutkévitch
Cenário de Macbeth *(1922)*

Aleksandra Êxter
Figurino para Dois Judeus, Salomé *(1917)*

Cartaz de estréia de O Matrimônio *(1922)*

Grigori Kózintzev
Figurino para personagem de
O Matrimônio *(1922)*

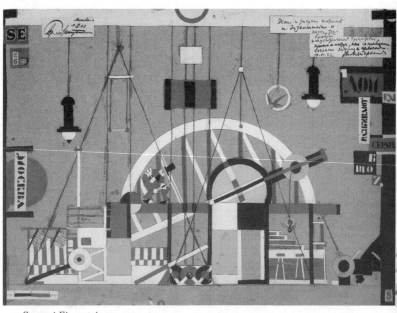

Serguei Eisenstein
Cenário de A Casa dos Corações Partidos *(1922)*

Liubov Popova
Maquete do cenário de O Corno Magnífico *(1922)*

Vladímir Tátlin
Cenário de A Vida pelo Tzar *(1913-1914)*

Varvara Stiepánova
Cenário de A Morte de Tariélkin *(1922)*

Atração *de* O Sábio *(1923)*

Eisenstein ensaiando a ópera de Wagner A Valquíria, *no Bolshói (1940)*

Eisenstein em cima de um carro alegórico da Parada de Maio (1936?)

Eisenstein com colegas membros do grupo L.E.F: Paternak (esq.), Olga Tretiakova, Lili Brik e Maiakóvski

Meierhold em retrato com dedicatória para Eisenstein: "Eu tenho orgulho do aluno que virou um mestre"

Serguei Mikháilovitch Eisenstein

3. Teatro de Esqueletos

As visões proporcionadas pela guerra devem ser realmente inesquecíveis para quem participou de uma no campo de batalha. À época da guerra civil na Rússia, quando o Exército Vermelho dos bolcheviques defendia o novo regime socialista contra o Exército Branco pró-tzarista, Eisenstein, engajado na campanha do primeiro, presenciou uma dessas cenas que ficam marcadas para o resto dos dias na memória de ex-combatentes. Uma imagem que o remeteu a romances de aventuras fantásticas – como declara no início do texto "Sobre os Ossos"[1], integrante das suas memórias. Foi provavelmente no ano de 1920[2], em um campo na entrada de Dvinsk. Neste lugar, Eisenstein se deparou com esqueletos de soldados russos abatidos por soldados alemães em 1917. Mais uma das sucessivas derrotas sofridas pela Rússia que, vencida pela Alemanha e passando por um processo revolucionário, teve que se retirar da Primeira Guerra Mundial e assinar um tratado de paz (Brest-Litovsk) bastante desvantajoso com o inimigo alemão[3]. De acordo com o relato de Eisenstein, desde o tempo dessa derrota em Dvinsk, ninguém colocava o pé ali, preservando-se, assim, a imagem e, sobretudo, a sensação causada por esse espetáculo incomum.

1. S. M. Eisenstein, *Mémoires*, p. 155-161.
2. Deduzo que seja neste ano, pois os russos foram vencidos pelos alemães em 1917 e Eisenstein relata que fazia três anos que ninguém interferia na paisagem do lugar.
3. Pelo Tratado de Brest-Litovsk, assinado em março de 1918, a Alemanha anexou um terço da Rússia européia, estabeleceu um protetorado na Ucrânia e cobrou uma forte indenização dos soviéticos. H. Kissinger, *Diplomacia*, p. 235 e 277.

Assim descreve Eisenstein:

> Grande afresco de *dança macabra* congelada, os esqueletos jazem.
> [...]
> Uma suave vegetação cobre o solo.
> Como sobre veludo, os ossos jazem na posição exata onde estavam deitados os corpos durante o ataque.
> Cada esqueleto – como um drama individual no interior da vasta tragédia geral.
> [...]
> Um nevoeiro azulado como uma fumaça de cigarro propaga suas espirais de aquarela em meio a esses corpos para sempre congelados...
> A poucas pessoas foi possível ver um tal campo de batalha. Intacto, como uma reserva natural.
> Inviolável – como um cemitério.
> Indestrutível – como a memória de um grande drama[4].

Uma pequena citação não dá conta da realidade assombrosa de tal cena, e o próprio Eisenstein, ao final do texto, lamenta a incapacidade de dispor no papel e na tela de cinema o teatro de esqueletos da mesma maneira que presenciou no "campo de morte de Dvinsk"[5]. A cena de abertura do filme *Alexandre Nevski* (1938), segundo ele, foi uma tentativa frustrada de recriar a particularidade dessa cena ao representar os mortos em defesa da terra russa contra os tártaros. Depois dos letreiros iniciais, contextualizando a situação da Rússia no século XVIII, fragilizada pelas invasões dos cavaleiros teutônicos e ainda sofrendo as conseqüências das batalhas contra os mongóis, Eisenstein mostra, no primeiro plano do filme, destroços de uma dessas batalhas sangrentas: ossos e capacetes espalhados de maneira indiferenciada num ligeiro declive coberto por uma vegetação rasteira. No plano seguinte, um esqueleto se sobressai na composição com uma lança atravessando suas costelas. O terceiro plano parece uma natureza-morta, pela maneira como foi arranjado: uma flecha enfiada na terra entre duas caveiras branquíssimas, uma delas ainda se servindo de um capacete. Por fim, o quarto plano é mais aberto que o anterior, mostrando, ao lado do casal de caveiras, um esqueleto caído de costas num pequeno elevado. Dois pássaros pretos (seriam dois corvos?) passeiam pelas costelas e crânio do esqueleto. A música de fundo, num tom crescente, consegue fazer com que o cenário apresentado pareça um pouco mais desolador e menos artificial. Eisenstein tem razão ao comentar que não houve maneira de fazer com que esqueletos vindos diretamente do museu de anatomia causassem qualquer espécie de pavor. "Os esqueletos pareciam na tela macacos brancos parodiando pessoas vivas"[6].

---

4. S. M. Eisenstein, *Mémoires,* p. 158.
5. Idem, p. 159.
6. Idem, p. 160.

A abertura de *Alexandre Nevski* realmente não conseguiu recriar a ambiência e a *mise-en-scène* do campo de Dvinsk, descrito por Eisenstein como uma reserva natural. Esta descrição curiosa associa morte e petrificação à natureza viva e em atividade, associa *congelamento* e movimento, beleza e horror, cor e ausência de cor (que cor especial têm os esqueletos depois do degelo de três invernos?). É pelo contraste, pela tensão entre os opostos, pela *montagem* de elementos, a princípio, díspares, que se pode compreender e descrever essa imagem.

Mas, afinal, como representar essa cena? – pergunta-se Eisenstein. "É justamente por seu caráter aterrorizante e congelado que esse campo ficou na minha memória"[7]. Diante dessa afirmação, identifico duas qualidades de força que Eisenstein encontra no campo de Dvinsk e que parecem ser caras a ele na construção de uma imagem: a sensação de horror e a expressividade do corpo morto (ou congelado), ou seja, a expressividade do inexpressivo (sem vida). Ao lado do procedimento da montagem, estes dois elementos me servem como primeiras pistas para uma investigação da imagem cênica concebida e construída por Eisenstein.

O *AGIT-GUIGNOL*

Eisenstein não encenou peças de terror propriamente, mas o grau de violência com o qual ele buscava afetar os sentidos do espectador permite uma aproximação entre suas teorizações sobre teatro e o teatro de Grand-Guignol, comparação esta legitimada por ele mesmo ao evocar esse gênero teatral como um dos parâmetros para a sua teoria da montagem de atrações e ao qualificar uma peça sua como *agit-guignol* (*Escuta, Moscou?*, de 1923).

Antes de tornar-se um gênero, a expressão Grand-Guignol nomeava apenas um pequeno teatro situado no bairro de Montmartre, em Paris. Neste lugar, de 1897 a 1962, era possível assistir a um teatro especializado no horror e no riso cuja marca maior era a desmesura em tudo. Daí a origem da expressão "grand-guignolesco", que significa "excessivamente sanguinolento, a ponto de atingir o grotesco e, por contragolpe, o cômico"[8]. Os temas das peças tratavam dos medos e angústias da Belle Époque, estreitamente ligados ao avanço científico, às novas experiências no ambiente urbano, às tensões sociais e políticas que agitavam Paris[9]. As descobertas no âmbito da medicina,

---

7. Idem, p. 159.
8. A. Pierron (org.), *Le Grand-Guignol*, p. II.
9. É Sabatier quem lista os tensos acontecimentos da época: "manifestações do 1º de maio, onda de terrorismo anarquista, aumento considerável do número de greves acompanhadas de atos de violência, [..] assassinato do presidente Carnot, condenação do capitão Dreyfus, crescimento do antisemitismo, intervenção de Zola reclamando a

com destaque para o estudo científico da loucura, por exemplo, serviam de rica fonte de inspiração para dramaturgos do Grand-Guignol que, por conta disso, também é conhecido como "teatro médico". A sensação de selvageria urbana vivida nas grandes cidades, descrita por Ben Singer no seu ensaio "Modernidade, Hiperestímulo e o Início do Sensacionalismo Popular", com pedestres atropelados por bondes elétricos e automóveis, com máquinas de fábrica mutilando operários, que também corriam perigo ao trabalharem em edifícios altos ou simplesmente por habitarem as moradias populares, expostos a "ataques brutais de vizinhos enlouquecidos [e] a mortes que envolviam novas facetas da arquitetura das habitações populares"[10]. Tudo isto mostra bem as relações entre progresso e morte experimentadas naquela época, ou seja, na virada do século XIX para o século XX. A própria questão da colonização francesa no Marrocos também ensejava histórias macabras no teatro de Grand-Guignol envolvendo estrangeiros.

É em "Montagem de Atrações", manifesto de 1923, publicado no terceiro número da revista *Lef* (Frente Esquerda das Artes), que Eisenstein vai relacionar o teatro de Grand-Guignol ao conceito de *atração*. Antes de tudo, é preciso apontar o primeiríssimo sentido da *atração* que, como o próprio Eisenstein revela, vem do *music-hall*[11] – um tipo de espetáculo mais agressivo que, assim como o circo, ao qual ele também faz referência no manifesto, não recorre aos artifícios da ilusão dramática. O interessante é que Eisenstein apropriou-se de algo próprio do entretenimento, da cultura de massas, e transportou-o para o âmbito científico, ou melhor, pretendeu isolá-lo e analisá-lo como se estivesse fazendo ciência. E assim criou seu próprio conceito para a *atração*:

> Atração (do ponto de vista teatral) é todo aspecto agressivo do teatro, ou seja, todo elemento que submete o espectador a uma ação sensorial ou psicológica experimentalmente verificada e matematicamente calculada com o propósito de nele produzir certos choques emocionais que, por sua vez, determinem em seu conjunto precisamente a possibilidade do espectador perceber o aspecto ideológico daquilo que foi exposto, sua conclusão ideológica final[12].

Esta "ação sensorial e psicológica" à qual o espectador deve ser submetido é entendida, segundo Eisenstein,

---

inocência do judeu perseguido e injustamente acusado de traição militar". G. Sabatier, Idéologie et fonction sociale du Grand-Guignol à ses origines, em *Europe*, p. 142.

10. B. Singer, Modernidade, Hiperestímulo e o Início do Sensacionalismo Popular, em L. Charney; V. R. Schwartz (orgs.), *O Cinema e a Invenção da Vida Moderna*, p. 130.

11. S. M. Eisenstein, *Reflexões de um Cineasta*, p. 19.

12. S. M. Eisenstein, Montagem de Atrações, em I. Xavier (org.), *A Experiência do Cinema*, p. 189.

no sentido da realidade imediata, tal como é empregada, por exemplo, no teatro de Grand-Guignol: olhos arrancados ou mãos e pernas decepados em cena; ou o ator que, ao telefone, participa de um acontecimento terrível a quilômetros de distância; ou a situação de um bêbado que pressente a iminência de uma catástrofe e cujas súplicas de socorro são tomadas por puro delírio[13].

A *realidade imediata* à qual Eisenstein se refere corresponde, assim, aos momentos de extrema violência ou de perigo iminente que no Grand-Guignol eram representados da maneira mais realista possível. Podem ser identificados, nesta sua lista de exemplos, diferentes aspectos desse tipo de *realidade imediata* ligada, primeiramente, ao que é visto em cena, em segundo lugar, ao que se imagina acontecer fora da cena, e, por último, a algo que pode vir a acontecer em cena. Aspectos diferentes mas semelhantes na qualidade do seu impacto e violência. Em todos os casos, o espectador é encurralado pelo horror, seja da visão, seja da imaginação ou da expectativa de presenciar uma catástrofe e nada poder fazer para detê-la. Nessas situações extremadas, citadas por Eisenstein, o sentido do aqui-e-agora é potencializado. O tempo imediato acentua o efeito de realidade da cena, o seu aspecto concreto, não permitindo um distanciamento do espectador. A atração, para Eisenstein, tem a ver, portanto, com a violência, o horror e o perigo presentes em situações-limite, como as representadas de maneira realista no Guignol, e que são importantes pelo seu imediatismo para a produção de "choques emocionais" no espectador.

Em *O Sábio* (1923), espetáculo construído conforme as propostas do manifesto "Montagem de Atrações", um dos momentos mais impactantes do espetáculo era quando o ator Grigóri Alexandrov, de cartola e fraque, balançando um guarda-chuva laranja, atravessava o espaço que ia do cenário ao balcão do teatro equilibrando-se num fio. Um passo em falso e ele se espatifaria em cima da platéia. As atrações propostas envolviam tanto perigo que o diretor, apavorado com a iminência de uma tragédia, preferia não assistir a alguns momentos da apresentação[14].

Ainda no manifesto "Montagem de Atrações", Eisenstein parece fazer uma referência à peça *Ao Telefone...*[15] – adaptação de André de Lorde de uma novela de Charley Foleÿ que valeu ao primeiro o título de "Príncipe do Terror" – quando cita o exemplo do "ator que, ao telefone, participa de um acontecimento terrível a quilômetros de distância"[16]. O personagem em questão é Marex. Ele e

---

13. Idem, p. 190.
14. V. Shklovsky, *Eisenstein*, p. 130-131. S. M. Eisenstein, *Mémoires*, p. 94- 95. Em suas memórias, Eisenstein também registra que Eduard Tissé, fotógrafo de seus filmes e grande amigo, quase morre no dia em que foi ver a encenação de *O Sábio*. Neste dia, o fio no qual Alexandrov equilibrava-se se rompeu e um pesado suporte metálico caiu estrondosamente, passando de raspão por Tissé. Idem, p. 400.
15. Esta peça foi transformada em filme por Griffith (*The Lonely Villa*, 1909).
16. S. M. Eisenstein, Montagem de Atrações, em I. Xavier (org.), op. cit., p. 190.

sua família estão hospedados durante as férias numa mansão isolada na Normandia. Marex parte para Paris a fim de tratar de negócios e, na casa de amigos, ao fazer uma pausa da longa viagem, recebe ligação da sua esposa e, impossibilitado de realizar qualquer ato, escuta ao telefone toda a sua família sendo massacrada.

> MAREX, *ao telefone* – Ah!... mais gritos... o que está acontecendo com eles? Eles estão sendo mortos... degolados... Ah! socorro!... peguem o assassino!...ah! ah!... ah!... socorro...

A comparação com o Grand-Guignol é cara para Eisenstein, pois a eficácia desse gênero de teatro funda-se, sobretudo, na confusão entre realidade e ficção, no seu caráter de "ao vivo". O grande prazer para o espectador do Guignol era o de assistir a crimes bárbaros, punições, sofrimentos causados por alguma doença, dentre outros tormentos físicos ou psicológicos, como se estivessem realmente acontecendo no palco. Eisenstein procura estabelecer, em suas encenações, essa permanente tensão entre realidade e ficção. Isso fica evidente não apenas pelos relatos das suas experiências cênicas, mas também pela outra acepção de *montagem de atrações* que é mencionada no manifesto. "O meio que libera o teatro do jugo da 'figuração ilusionista' e da 'representação' – até agora decisivas, inevitáveis e unicamente possíveis – implica a montagem de 'coisas reais'"[17].

Na tradução brasileira, usada na citação acima, a *montagem de atrações* também pode ser entendida como a "montagem de 'coisas reais'". Mas, na tradução francesa, ao invés de "coisas reais", tem-se a expressão "artifícios reais"[18] que me parece bem mais interessante pois justapõe o artifício, aquilo que é falso, fictício, à realidade. Este paradoxo trata da problemática do uso do termo "realidade" em relação à arte. Afinal de contas, apesar do forte realismo das cenas apresentadas no Guignol, tudo é encenação.

Em *O Mexicano* (1921), primeira peça em que trabalha como diretor artístico do Proletkult, Eisenstein aproveitou o fato de que o clímax da peça, no terceiro ato, acontecia durante uma luta de boxe e decidiu plantar o ringue no meio da platéia para "recriar as mesmas circunstâncias nas quais uma real partida de boxe ocorre"[19], aumentando ainda mais a tensão emocional dos espectadores. Por problemas de segurança, o ringue foi posto próximo ao proscênio, mas isso não diminuiu os esforços de Eisenstein, pois na platéia atores lutavam entre si, saltavam para as frisas e causavam um grande rebuliço no público. Para Eisenstein, a luta de boxe, mesmo tendo sido armada,

---

17. Idem, p. 191.
18. S. M. Eisenstein, *Au-delà des étoiles*, p. 119.
19. Idem, *A Forma do Filme*, p. 18.

foi o ponto alto do espetáculo pela força da sua realidade, "como os elementos de 'grand guignol' agindo fora de todo estetismo"[20].

No teatro Grand-Guignol, havia até um médico de plantão para socorrer os espectadores mais fracos dos nervos. Certamente, Max Maurey, o diretor do teatro Grand-Guignol que sucedeu seu fundador, Oscar Méténier, contratou o médico como medida publicitária, mas também ciente da capacidade extremamente persuasiva desse teatro especializado em sensações fortes. É Paula Maxa, atriz consagrada do Guignol, quem discorre sobre a recepção da peça *A Horrível Volúpia*, de Charles Hellem e Pol d'Estoc:

> Eu acabava de sofrer um acidente de automóvel, me levavam sobre uma maca em cena e me faziam a transfusão de sangue.
> Quando o sangue começava a subir no bocal, a comédia iniciava na sala, escutava-se o barulho seco das poltronas que se levantavam, eram os espectadores que passavam mal e que eram levados um a um. Às vezes, isso se produzia sob ruídos inteiros de poltronas e meus camaradas, em pé na minha frente, contavam: 3, 4, 12, 30 algumas vezes. Então a peça era um sucesso. As pessoas vinham também para ver isso. Que teatro surpreendente, você não acha?
> Eu me lembro. Um enorme inglês sai da sala. Ele murmura algumas palavras ininteligíveis e tomba como uma massa. Mandaram procurar o médico em serviço mas... ele passou mal antes de todo mundo![21]

A cena proposta por Eisenstein com suas atrações também pretende provocar emoções fortes no espectador, atingi-lo na sua passividade recorrendo mesmo a fogos de bengala sob as poltronas, como fez em *O Sábio*. Mas a radicalidade das ações deve, sobretudo, fazer o espectador "perceber o aspecto ideológico daquilo que foi exposto"[22].

A descrição de Christine Hamon do espetáculo *Escuta, Moscou?* (1923), peça escrita por Tretiakóv e encenada por Eisenstein, evidencia o porquê do subtítulo *agit-guignol*. Segundo seu relato, a peça é estruturada, como no Guignol, "a partir de algumas situações dramáticas que provocam no espectador o terror, a cólera e às vezes mesmo o desejo de intervir fisicamente sobre a cena"[23], sem perder de vista, no entanto, a perspectiva política do espetáculo. Tendo como tema a situação revolucionária na Alemanha, o Proletkult planejou apresentar a peça numa estação de trem a fim de incitar o ódio contra os "fascistas" entre os soldados voluntários que estavam partindo para Hamburgo e Berlim para realizar a Revolução Comunista Mundial. Entretanto, a peça acabou sendo mesmo encenada no Teatro do Proletkult de

---

20. Idem, *Le Mouvement de l'art*, p. 146.
21. P. Maxa, Quinze ans au Grand-Guignol ou la poésie de la peur, em A. Pierron (org.), op. cit., p. 1389.
22. S. M. Eisenstein, Montagem de Atrações, em I. Xavier (org.), op. cit., p. 189.
23. C. Hamon, Le Montage dans les premières réalisations d'Eisenstein au théâtre, em D. Bablet, (org.) *Collage et montage au théâtre et dans les autres arts durant les années vingt*, p. 154.

Moscou. A história se passa numa Alemanha contemporânea imaginária, onde um conde, governador de uma província, em luta contra militantes revolucionários, decide promover uma grande festa por ocasião da inauguração de um monumento erigido em honra ao seu ancestral o Conde de ferro, no mesmo dia do aniversário da Revolução de Outubro. Militantes comunistas, vivendo na clandestinidade, decidem perturbar a festa e conseguem colocar revolucionários entre os atores da peça que deve ser apresentada ao público. Os notáveis da localidade se espantam de ver os atores imitarem os sofrimentos do povo oprimido enquanto que a cortina aberta desvenda não a estátua do Conde de ferro, mas a de Lênin – "Escuta, Moscou?", pergunta um dos atores – "Escuto", responde uma voz na sala[24].

Hamon aponta a morte do militante comunista, um dos momentos fortes do espetáculo, como exemplificativa do caráter grotesco da peça, à maneira do Guignol:

durante a noite, enquanto os revolucionários tentam fazer penetrar na cidadela homens e armas, o herói se dissimula em um saco que seu irmão leva negligentemente sobre os ombros: mas este fardo suscita a suspeita do sentinela que trespassa o saco com um golpe de baioneta – o herói morre sem gritar[25].

Eisenstein parece ter sido bem sucedido em provocar a adesão do espectador à linha de agitação do espetáculo. Segundo Arlindo Machado, com base no depoimento de contemporâneos de *Escuta, Moscou?*, algumas encenações levaram a platéia a um delírio coletivo, a ponto de em uma delas, um soldado se precipitar no palco com seus revólveres[26].

No espetáculo seguinte, *Máscaras de Gás* (1924), Tretiakóv transforma a explosão de um gasômetro relatada no jornal num "melodrama de agitação". A peça trata de um vazamento numa fábrica de gás que coloca em risco a vida dos operários, obrigados a efetuar os reparos necessários sem que o diretor da usina, todavia, lhes proporcione máscaras para resguardarem suas vidas. O filho do diretor toma parte dos trabalhos coletivos de reparação e acaba morrendo. A secretária do pai, revelando-se grávida do filho, anuncia a sua intenção de chamar o menino de Máscaras de Gás[27].

Nesta encenação, Eisenstein tenta canalizar de maneira mais rigorosa a emoção do espectador para o tema de agitação escolhido: o desenvolvimento da industrialização e a necessidade de um controle do trabalhador sobre a produção. E faz isto representando a peça no ambiente real de uma usina a gás. O figurino e a maquiagem dos atores

24. Idem, p. 153-154.
25. Idem, p. 154.
26. A. Machado, *Eisenstein:* geometria do êxtase, p. 34.
27. C. Hamon, op. cit., p. 157; O. Bulgakowa, *Serguei Eisenstein*, p. 44.

retratavam a caracterização cotidiana de um operário no ambiente de trabalho; a sonoplastia da peça contava com os barulhos reais da fábrica e pensou-se até mesmo em se fazer coincidir o término da peça com o início do horário de trabalho dos operários verdadeiros. Havia, enfim, uma preocupação detalhada com o caráter de "ao vivo" do espetáculo, mas, segundo Eisenstein, a produção foi um fracasso, pois "os acessórios teatrais no meio da plástica real da fábrica pareciam ridículos"[28]. A realidade da fábrica e de suas turbinas era tão forte plasticamente que não havia possibilidade alguma do espectador se emocionar com a encenação. O próprio cheiro de gás se encarregava de afastar o público. Esta foi a última realização de Eisenstein vinculada ao teatro do Proletkult e a que lhe deu a deixa para a partida ao cinema.

Apesar de Eisenstein não ter feito referência direta a isto, é importante ressaltar o forte apelo visual e sonoro da cena guignolesca em oposição ao teatro de nuances psicológicas. As peças, comédias e dramas, eram curtas e, quando tinham mais de um ato, preferencialmente não possuíam intervalos; e eram apresentadas quatro a seis por noite. Sua linguagem direta e condensada inspirou André de Lorde, dramaturgo e teórico do gênero, a comparar as peças do Guignol a "comprimidos de terror"[29]. A compra de equipamentos técnicos para o teatro servia como pretexto para uma nova peça. Efeitos especiais de luz, de som e de maquinaria visavam dar maior credibilidade ao apresentado em cena. A performance do ator, dessa forma, assemelhava-se à performance exigida por um artista de circo ou de teatro de feira, já que em alguns momentos ele precisava demonstrar habilidade no uso da paraphernália técnica que a cena exigia: máscaras imitando a decomposição de um rosto quando banhado de ácido, agulhas de crochê e bombinhas com sangue falso para a remoção de olhos, guilhotinas com um fundo e cabeça falsos exigindo o tempo e o movimento certo do ator para provocar a ilusão cênica, o caráter do "ao vivo". Essa demonstração envolvia um certo perigo para o ator, que poderia até vir a se machucar, ou para a própria peça que poderia, ao invés de instigar o terror, levar o público a uma gargalhada rasgada.

A valorização de espetáculos de entretenimento e o desejo de provocar choque e impacto no espectador eram uma postura da vanguarda da época relacionada basicamente à experiência histórica ligada à urbanização nos anos de 1920. A própria tecnologia moderna, glorificada pelos movimentos de vanguarda, é tema de obras de muitos autores do Grand-Guignol que perseguem a tradição naturalista do máximo de verdade, pretendendo também fazer da cena um retrato da época. São comuns as referências às últimas invenções tecnológicas (carro, trem, rádio, novidades médicas, máquinas militares, explosivos) que, em

---

28. S. M. Eisenstein, *A Forma do Filme*, p. 23.
29. A. Pierron (org.), op. cit., p. XII.

alguns casos, passam a ser o personagem principal da peça, como em *Ao Telefone*... No projeto de encenação de *A Liga da Colombina* (1922), elaborado por Eisenstein e Iutkévitch para a Fábrica do Ator Excêntrico (FEKS), o tema da eletricidade, tecnologia relativamente recente na época, é relacionado à morte – relação natural numa peça de Grand-Guignol –, ainda que revestido num macabro mais festivo, digamos assim. Estrangulado por Colombina com a ajuda da liga que prende sua meia à perna, o cadáver de Pierrô é eletrocutado e trazido de volta à vida, pelo detetive Ned Rocker, para se vingar do seu assassinato.

O teatro de Grand-Guignol é, portanto, referência estética para o teatro de Eisenstein por sua *realidade imediata* – impregnada de impacto e violência –, por seu caráter de "ao vivo", por sua capacidade de provocar sensações fortes no espectador, por seu fundamental apelo visual e sonoro, pela importância atribuída à técnica e por sua temática.

Ao se utilizar da expressão *agit-guignol*, Eisenstein enfatiza que seu trabalho não pode ser desvinculado da esfera ideológica. A linha de agitação do espetáculo tem que estar sempre presente orientando a escolha das atrações. É interessante também assinalar que, apesar de ser um teatro que procura provocar uma reação imediata no espectador, muitos autores do Guignol estavam preocupados em desenvolver uma tese, em usar o teatro não como fim mas como meio de veicular idéias moralistas, mesmo reacionárias, por verem o avanço científico e tecnológico de forma negativa. Para Eisenstein, a violência também não é gratuita. Como bem observa Naum Kleiman[30], a partir de anotações inéditas de Eisenstein sobre o psicólogo russo Vladímir Bekhterev[31], percebe-se que ele, Eisenstein, acreditava que a utilização da violência e do terror na arte poderia descondicionar a reação automática de medo vivenciada pelas pessoas num contexto social de servidão e terror. Nesse sentido, pode-se perceber a importância da estética guignolesca não apenas para o teatro de Eisenstein mas também para o seu cinema. São muitos os exemplos que poderiam ser evocados, mas prefiro citar aqui algumas cenas que Eisenstein pretendia incluir em *A Greve* (1924), mas que foram cortadas do roteiro por Pletniov, diretor-geral do Proletkult: um trabalhador deveria ser fatiado ao meio por uma máquina, outro cairia dentro de um caldeirão de aço fundido – esta morte no caldeirão deveria ser seguida da imagem de uma mulher tomando banho em champanhe –, e um olho de boi, flutuando na sopa que alguns trabalhadores comiam, se dissolveria na forma do olho do capitalista olhando para a câmera através de seu monóculo[32].

---

30. N. Kleiman, Eisenstein: mi tu, *me too*, nós também, em *Cinemais*, n. 12, p. 10-11.

31. Vladímir Bekhterev (1857-1927): psiquiatra e neurologista, fundador da psicologia experimental na Rússia.

32. O. Bulgakowa, op. cit., p. 48.

A MORTA-VIVA E A BIOMECÂNICA

A Medicina Legal ensina que, após oito a doze horas do falecimento, o corpo humano fica rígido. Em *A Horrível Experiência*[33], uma das peças de maior sucesso do Grand-Guignol, um médico comenta que a "rigidez cadavérica pode produzir [...] atitudes parecidas a movimentos expressivos". Nessa peça, Jeanne, filha do doutor Charrier, morre de uma síncope cardíaca durante um acidente de carro. Seu pai, inconsolável, decide ressuscitar a filha através de descargas elétricas no seu coração inerte. Entretanto, a contratura natural do cadáver somada aos estímulos elétricos faz com que a filha morta agarre o pai pelo pescoço e o estrangule. Paradoxalmente, é a rigidez e a imobilidade que permitem a "atuação" do corpo morto e um movimento tão preciso que gera a façanha de um cadáver cometer um assassinato. Esta precisão e clareza de movimentos imprimem uma forte plasticidade à cena, pois, apesar de realizados por uma mente inconsciente, devem sua expressividade ao corpo rígido que parece obedecer a uma intenção criadora viva.

A teoria teatral e cinematográfica de Eisenstein fundamenta-se na sua concepção sobre as leis básicas do *movimento expressivo*, que terá uma forte ligação com a pesquisa de Meierhold, intitulada, a partir de 1918, de biomecânica. Nenhum dos dois encenadores tratou especificamente da expressividade de cadáveres eletrocutados, muito pelo contrário, lidavam com atores e espectadores bem vivos, entretanto, isso não significa que a referência à morta-viva Jeanne seja de todo descabida. Vale lembrar que, como encenador, em sua fase simbolista, Meierhold conformou uma certa plástica mortuária no palco – com atores estáticos, semelhantes a "fantoches sonâmbulos", a "congeladas figuras egípcias"[34] –, visando, contudo, fazer da cena um "reflexo da quintessência da vida"[35]. O morto e o vivo, o estático e o móvel são apenas alguns dos duplos presentes na estética desse encenador e ator russo, professor idolatrado por Eisenstein. Mas para se tratar da biomecânica meierholdiana como prólogo mais que necessário da teoria do movimento expressivo de Eisenstein, é preciso reencontrar Meierhold logo após o seu afastamento da companhia da atriz Vera Komissarjévskaia – desgostosa da estilização extremada dos espetáculos simbolistas do encenador –, quando sua pesquisa em relação ao teatro da convenção passa a seguir novos rumos e a eleger novos modelos estéticos.

Ao final de 1908, Meierhold assume o comando dos Teatros Imperiais de Petersburgo, como encenador e ator do Teatro Aleksandrinski, e encenador do Teatro Mariinski, este dedicado à ópera. Para dar conta de todos os seus interesses relacionados à cena e não comprometer suas

---

33. Drama em dois atos escrito por André de Lorde e Alfred Binet e representado pela primeira vez no teatro Grand-Guignol em 29 de novembro de 1909.
34. A. M. Ripellino, *O Truque e a Alma*, p. 105.
35. V. E. Meyerhold, *Textos Teoricos*, v.1, p. 137.

atividades como diretor das cenas imperiais, Meierhold cria um duplo: o Dottor Dapertutto (Doutor Emtodaparte), pseudônimo inspirado em personagem de E.T.A. Hoffmann[36]. Esse "duplo misterioso e estratégico"[37] realiza espetáculos em cabarés e em pequenos palcos particulares. Como escreve Béatrice Picon-Vallin, no seu estudo monumental sobre o encenador, Meierhold, ao exercer esse duplo papel, nunca perde "a perspectiva de uma pesquisa prioritária sobre o movimento do ator em estreita ligação com lugares, gêneros, tradições e públicos diferentes"[38].

Nesse período de plena atividade, o inimigo mortal do encenador continua sendo o naturalismo, especialmente representado pelo Teatro de Arte de Moscou. "Os atores contemporâneos, no desejo de metamorfose, querem suprimir seu 'eu' e criar a ilusão da vida. Por que nessas condições fazer constar nos cartazes o nome dos atores?" – escreve Meierhold em "O Teatro de Feira" (1912)[39]. Nesse texto, Meierhold expõe suas idéias sobre teatralidade. O seu modelo de "teatro teatral" é o teatro de feira, que, a seu ver, exerceria ao mesmo tempo o papel de fonte e de renovação de tradições "verdadeiramente teatrais", nas quais a técnica do jogo do ator tem um "valor autônomo", privilegiando o "gesto inventado que só convém ao teatro, o movimento convencional que só é pensável no teatro, o caráter artificial da dicção teatral"[40]. O modelo de atuação a ser seguido pelo ator do futuro seria, então, aquele do *cabotin*, fundamento e origem da própria arte cênica – "se não há *cabotin*, não há teatro"[41]. É o próprio Meierhold quem explica:

> Um *cabotin* é um ator ambulante. Um *cabotin* pertence à família dos mímicos, dos histriões, dos *jongleurs*. Um *cabotin* possui uma maravilhosa técnica de ator. Um *cabotin* é o representante das tradições da arte autêntica do ator[42].

Dessa maneira, o ator do futuro, segundo Meierhold, teria que recuperar e estudar toda a técnica de atuação existente nos teatros do passado e do presente em que se verifica o culto à cabotinagem. Essa técnica se encontraria no teatro antigo, nos teatros italianos e espanhóis do século XVII, e mais contemporaneamente, no cabaré francês, no *Überbrettl*[43] alemão, no *music-hall* e no teatro de variedades do mundo inteiro[44].

---

36. Pseudônimo extraído do conto de Hoffmann *Die Abenteuer der Sylvester-Nacht*, contido na segunda parte dos *Fantasiestücke in Callot's Manier*. A. M. Ripellino, op. cit., p. 131.
37. B. Picon-Vallin, *Meyerhold*, p. 39.
38. Idem, ibidem.
39. V. E. Meyerhold, *Écrits sur le théâtre*, t. 1, p. 191.
40. Idem, ibidem.
41. Idem p. 184. Meierhold usa a palavra "cabotino" no idioma francês.
42. Idem, ibidem.
43. Teatro de variedades alemão, cabaré com tendência literária.
44. V. E. Meyerhold, *Écrits sur le théâtre*, t. 1., p. 197.

Ainda no seu texto, o encenador russo fala sobre o nascimento de um novo teatro de máscaras[45]. Ele não faz diferença entre o teatro de feira e o teatro de máscaras, já que em ambos a arte do ator se fundaria sobre "um profundo amor da máscara, do gesto e do movimento"[46]. É interessante perceber que a teatralidade para Meierhold continua relacionada a uma certa imobilidade[47], que, nesse caso, é representada pela máscara (esta pode ser a própria expressão facial do ator e não apenas uma peça para cobrir o seu rosto). Diz o encenador: "O rosto do ator porta uma máscara morta, mas seu domínio permite ao ator colocá-la em um tal escorço, e inflectir seu corpo em tais poses que de morta ela se torna viva"[48]. Meierhold se utiliza aqui de um termo relacionado às artes plásticas – o escorço – para tratar da atuação do ator. O escorço é uma técnica de aplicação de leis perspécticas a um objeto ou figura, de modo a produzir, no plano, o efeito da terceira dimensão, acarretando geralmente uma contração, ou mesmo distorção da forma. O mais importante aqui é a completa ilusão de profundidade da figura representada. Dessa maneira, o escorço requer uma aguda percepção da forma e do tamanho das diferentes partes de um volume, a partir de um determinado ponto de vista, independentemente das dimensões reais e das proporções relativas desse mesmo volume. Em sentido figurado, escorço significa condensação, resumo, síntese. Ao se utilizar desse termo quanto ao jogo do ator, Meierhold parece desejar precisão, economia e clareza dos movimentos *desenhados* em cena. O ator deve estar ciente de uma perspectiva cênica que acentua a expressividade da sua atuação em relação ao espectador. Com o completo domínio do seu corpo, da sua forma, do seu volume, do seu posicionamento no espaço, o ator deve ser capaz de comprimir seus movimentos e gestos em *escorços* expressivos. Destaco esse termo não apenas para enfatizar a importância do jogo entre imobilidade e mobilidade na estética de Meierhold e a mediação da pintura em sua concepção do corpo do ator, mas também porque o termo *rakurs*[49] ("escorço", em russo), usado ainda em sua versão francesa, o *raccourci*, designará um dos princípios de movimento da biomecânica.

A própria máscara já lida com um jogo de oposições (morte e vida, sombra e luz, o Arlequim estúpido e o Arlequim diabólico)

---

45. "O uso da máscara é marca fundamental da *commedia dell'arte*, tanto assim que ela também é chamada *commedia delle maschere*. Diferentemente das máscaras do teatro grego, as da *commedia dell'arte* não expressavam dor nem alegria. Eram meias-máscaras inexpressivas, que deixavam a descoberto a boca e parte inferior do rosto dos atores". A. M. Carvalho, A *Commedia dell'Arte*, em C. F. P. Nuñez et al., *O Teatro através da História*, p. 58.

46. V. E. Meyerhold, *Écrits sur le théâtre*, t. 1, p. 195.

47. Ver no segundo capítulo o tópico "Bonecos de um Museu de Antropologia".

48. V. E. Meyerhold, *Écrits sur le théâtre*, t. 1, p. 193.

49. No decorrer do texto, usarei o termo em russo, e não em português, para enfatizá-lo como princípio da biomecânica.

que Meierhold identifica com o "procedimento favorito do teatro de feira": o grotesco[50]. Outra rubrica originária das artes plásticas, grotesco era o nome dado, no Renascimento, à ornamentação descoberta em construções subterrâneas (*grottes*) da antiga Roma. Essa pintura decorativa apresentava criaturas híbridas nas quais os reinos vegetal, mineral e animal se confundiam, além de figuras mitológicas, máscaras, vasos, guirlandas de flores e frutas. Para Meierhold, o uso da noção de grotesco no teatro propiciaria a imagem cênica de um cotidiano inconcebível, sobrenatural, misterioso. O espectador, diante da combinação insólita de elementos realistas, seria obrigado a ter uma sensação dupla em relação ao que era mostrado em cena: familiaridade e estranhamento. O fundamento do grotesco no teatro é o "desejo constante do criador de arrancar o espectador de um plano que ele acabou de dominar para projetá-lo em um outro que ele não esperava de maneira nenhuma"[51]. O teatro da convenção ganha assim um novo procedimento. O grotesco seria, segundo Meierhold, a segunda etapa da via da estilização. Enquanto a estilização reduziria a riqueza da experiência humana a uma unidade típica, o grotesco recriaria, a seu modo, toda a plenitude da vida, ao associar sinteticamente "a quintessência dos contrários". O princípio de contradição do grotesco vale para a atuação do ator, cujos movimentos devem explorar as oposições, os contrastes. Este também será um princípio de movimento importante para o jogo do ator biomecânico, ao lado do princípio de *rakurs*. Indo mais além, o corpo do ator, para Meierhold, deve refletir a luta vitoriosa do aspecto formal do movimento contra todo psicologismo. Dessa maneira, Meierhold pensa um ator-ornamento, cujo jogo tem um caráter decorativo, que o encenador reconhece sobretudo na dança e no teatro japonês. Esclarece Picon-Vallin:

Decorativo porque gráfico: o ator conhece a força do desenho de seu corpo no espaço. Decorativo porque artificial, modelado, polido pela habilidade humana e não pela natureza: corpo artificial oposto ao "homem vivente". Decorativo enfim, como projeto artístico de conjunto no qual o menor movimento deve participar[52].

Em setembro de 1913, Meierhold, sob a máscara do Doutor Dapertutto, inaugura o Estúdio (na rua Tróickaia n. 13 e, a partir do outono de 1914, na rua Borodínskaia n. 6), em São Petersburgo, onde pretenderá desenvolver uma abordagem mais científica e mais radical do tradicionalismo teatral, da máscara e do grotesco. O teatro da convenção se torna, aos poucos, como observa Picon-Vallin, "um sistema

50. V. E. Meyerhold, *Écrits sur le théâtre*, t. 1, p. 197.
51. Idem, p. 200.
52. B. Picon-Vallin, op. cit., p. 53.

complexo e orgânico de técnicas de expressividade teatral"[53] que culminará com o nascimento da biomecânica, o programa de treinamento do ator meierholdiano. Vladímir Solovióv, parceiro importante de Meierhold na empreitada do Estúdio, definia este como "laboratório cênico destinado a verificar matematicamente todo o passado teatral e a preparar o material que utilizará o mestre da cena do futuro com seus alunos"[54]. Solovióv, grande defensor do tradicionalismo teatral, dedicava seu curso no Estúdio às "técnicas do jogo cênico dos atores da *Commedia dell'Arte*". O compositor Gniésin lecionava "leitura musical do drama". E Meierhold-Dapertutto se concentrava nas aulas de "movimentos cênicos"[55].

"O movimento é o meio mais potente de expressão na criação de um espetáculo. [...] Se eliminarmos texto, figurinos, coxias, edifício teatral, e deixarmos somente o ator com seus movimentos, o teatro continuará a ser sempre teatro [...]"[56] – escreve Meierhold nos seus programas de estudo, publicados na revista do Estúdio, intitulada *O Amor das Três Laranjas*, em homenagem ao conto homônimo de Carlo Gozzi[57]. Ao lado de Solovióv, Meierhold elaborou uma série de dezesseis exercícios complexos – os *études* (antecedentes dos "*études* biomecânicos") – que envolviam mais de um ator e eram inspirados, por exemplo, no teatro elisabetano, na *Commedia dell'Arte*, no teatro oriental, na arlequinada francesa, na bufonaria circense, na maneira dos quadros do pintor Lancret[58]. Alguns desses *études* tinham como tema simplesmente um objeto ou um número predeterminado de personagens. O foco de Meierhold era a cultura física do ator. A prática dos *études* possibilitava, assim, a percepção e o domínio por parte de seus alunos de princípios do movimento cênico que Meierhold e Solovióv encontravam naquelas tradições "verdadeiramente teatrais". Alguns desses princípios são: o controle do corpo no espaço e a adaptação do jogo do ator ao lugar concedido para a atuação (*partire del terreno*); o ritmo como suporte dos movimentos[59]; a ênfase no desenho do movimento cênico; a agilidade e a maestria de acrobata; a técnica do *znak otkaza* (sinal de recusa).

---

53. B. Picon-Vallin, Préface, em V. E. Meyerhold, *Écrits sur le théâtre*, t. 1, p. 28.
54. V. Solovióv apud B. Picon-Vallin, *Meyerhold*, p. 56.
55. Ver o Programme d'Étude du Studio de Meyerhold pour l'Année 1914, em V. E. Meyerhold, *Écrits sur le théâtre*, t. 1, p. 243-245.
56. V. E. Meyerhold apud Y. C. Chaves, *A Biomecânica como Princípio Constitutivo da Arte do Ator*, p. 99-100.
57. A revista foi publicada até 1916 e teve nove números ao todo.
58. Nicolas Lancret (1690-1743): pintor francês, admirador e seguidor do estilo das obras de Watteau.
59. "A música constitui sempre o *canevas* dos movimentos", escreve Meierhold no programa de estudo do Estúdio. V. E. Meyerhold, *Écrits sur le théâtre*, t. 1, p. 244. Vale ressaltar a importância da música para Meierhold. Sobre o assunto, ler: B. Picon-Vallin, A Música no Jogo do Ator Meyerholdiano, em www.grupotempo.com.br/tex_musmeyer.html.

Este último princípio de movimento parece corresponder ao próprio princípio de contradição do grotesco, incorporado tecnicamente ao jogo do ator. O *otkaz* é um movimento curto que se desenvolve na direção oposta àquela do movimento a ser produzido. Dessa maneira, se um ator na posição A deve se dirigir a uma porta no ponto B, ele deve produzir inicialmente um pequeno movimento na direção de C, em sentido contrário à porta. Como mostra o gráfico logo adiante:

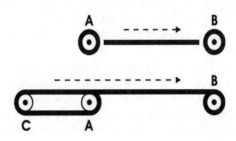

Reprodução do gráfico presente no texto de Eisenstein "Sobre o Movimento de Recusa".

Trata-se de uma técnica que sublinha o movimento cênico, reforçando assim a expressividade do ator. O *otkaz* e o *rakurs*, comentado mais acima, são princípios do movimento que Eisenstein destacará na biomecânica de Meierhold – princípios igualmente importantes para a compreensão da sua própria teoria do movimento expressivo.

O Estúdio da rua Borodínskaia funcionará até o ano de 1917. Com o advento da Revolução de Outubro, a importância de Meierhold no contexto artístico e cultural da época é ampliada. Em 1918, ele entra no Partido Comunista, abraça a causa revolucionária, afasta-se dos Teatros Imperiais e assume novas funções como diretor de teatro, redator de revista e professor, sendo, praticamente até o final da guerra civil em 1922, o homem de teatro mais atuante e reconhecido do período. A pesquisa de Meierhold no âmbito do movimento cênico, entretanto, não é prejudicada por suas recentes atribuições devido ao engajamento revolucionário. Ele prossegue com seu trabalho em Petersburgo, ensinando "técnica dos movimentos cênicos", no Curso de Treinamento para a Encenação (1918), depois em Moscou, no laboratório de "Técnica do ator" junto ao Teatro N. 1 da RSFSR (1920-1921), e nos Laboratórios Estaduais Superiores de Encenação, o GVYRM (1921). É neste último lugar (o GVYRM, em 1922, passou a se chamar GVYTM – Laboratórios Estaduais Superiores de Teatro) que Eisenstein estudará a mais nova disciplina proposta por Meierhold aos futuros atores e diretores da URSS: a biomecânica.

Antes de traçar qualquer consideração sobre esse assunto de forma mais específica, vale a pena ressaltar, de início, que a biomecânica de Meierhold sempre foi alvo de muita incompreensão, tendo em vista que seu formulador não produziu material escrito sistematizando seu programa de formação e treinamento do ator e os princípios que o regiam. Meierhold só publicou um livro em vida – *Sobre Teatro* (*O Tieatre*), em 1912 –, restando assim um longo período de encenações, pesquisas e experiências sem uma reflexão mais sistematizada de sua parte[60]. Aliás, é essa falta de sistematização uma das maiores críticas, se não a maior, que Eisenstein faz ao mestre. A herança escrita de Meierhold é composta por vários artigos sobre teatro, em boa parte, procedentes de conferências, nas quais o tom da polêmica geralmente reina. Especificamente em relação à biomecânica (termo que Meierhold utiliza desde 1918), os textos mais importantes do encenador, originalmente elaborados na forma escrita, são: "Crítica ao Livro de A. S. Taírov: Notas de um encenador" (1921-1922), e "O Emprego do Ator" (1922).

No texto sobre Taírov, Meierhold expõe pela primeira vez alguns princípios da biomecânica teatral. A duplicidade no jogo do ator agora é representada pela fórmula $N = A1 + A2$, inspirada na idéia de Coquelin quanto aos dois "eus" do ator. O ator, para Meierhold, exerce simultaneamente o papel de iniciador e regulador (A1) de uma dada tarefa, bem como o papel de força operadora e de material (A2) dessa mesma tarefa. O ator é assim, ao mesmo tempo, operador e máquina: um "boneco mecânico", nas palavras de Meierhold. Parece um tanto paradoxal essa imagem do ator como um boneco mecânico, já que um boneco, a princípio, não tem vontade, assim como um cadáver. Entretanto, esse boneco mecânico sugerido por Meierhold se apresenta, pelo visto, consciente da sua "mecanicidade" e tirando o máximo de proveito dela, pois ele (o ator) é operador e máquina. O culto da industrialização existente na época propicia, assim, uma nova tensão para a estética meierholdiana do duplo – a tensão entre o mecânico e o vivo. Quem melhor lida com essa tensão, segundo Meierhold, é o ator-acrobata: capaz de "avivar ao máximo a excitabilidade de seus reflexos"[61], isto é, capaz de fazer com que seu lado máquina responda, o mais prontamente possível, às tarefas expedidas pelo seu lado operador.

Esse entendimento da atuação é bem mais desenvolvido no texto "O Emprego do Ator". Nele, Meierhold define o jogo do ator como "o complexo organizado das manifestações da excitabilidade", no qual cada manifestação isolada de excitabilidade constituiria um elemento do jogo do ator. Esse elemento seria subdividido em três momentos:

---

60. Em 1936, Meierhold gabava-se de não perder tempo, como Stanislávski, escrevendo livros; muito pelo contrário, ele estava transmitindo sua experiência, trabalhando com estagiários e estudantes, bem como organizando ensaios-aula para todos os teatros de Moscou. B. Picon-Vallin, *Meyerhold*, p. 23.

61. V. E. Meyerhold, *Écrits sur le théâtre*, t. 2, p. 71.

intenção → realização (ou execução) → reação (finalização e preparação da realização de uma nova intenção). Como aponta Picon-Vallin, essa decomposição ideal do elemento do jogo segue o modelo do reflexo (excitação→ resposta → reação).

De fato, a reflexologia é então a mais nova aliada de Meierhold na luta contra o naturalismo no teatro, mais especificamente, nesse caso, contra o "sistema" de Stanislávski[62]. Para o ex-professor de Meierhold, "o ator tem obrigação de viver interiormente o papel e depois dar à sua experiência uma encarnação exterior"[63]. Para Meierhold, trata-se justamente do contrário: o ator deve abordar seu personagem de fora para dentro – "De toda uma série de posições e estados físicos nascem os *pontos de excitabilidade*, que depois se colorem deste ou daquele sentimento"[64]. Meierhold se respaldava na teoria de cientistas como Vladímir Bekhterev. Este acreditava, por exemplo, que a ciência da reflexologia poderia, no futuro, entender e prever, segundo leis imutáveis da biologia e da sociologia, toda motivação e comportamento humanos, sendo assim possível a regulação destes em laboratórios.

Além da reflexologia, os experimentos no âmbito da organização científica do trabalho, realizados pelo americano Frederick Taylor, também são um suporte científico importante para a biomecânica meierholdiana. Em "O Ator do Futuro e a Biomecânica", conferência pronunciada em 1922, Meierhold compara o ator a um operário experiente, cujos movimentos – uma espécie de dança – se destacariam pelas seguintes qualidades: "1. ausência de deslocamentos supérfluos, improdutivos; 2. ritmo; 3. determinação do centro justo de gravidade do próprio corpo; 4. resistência"[65].

Cito Picon-Vallin:

Entre essas duas utopias teatrais, a dos anos [19]10, a utopia do jogo permanente, da máscara e da mistificação, a utopia da *Commedia dell'Arte* vivida através de Hoffmann e Gozzi, e a do início dos anos [19]20, a utopia da industrialização, da taylorização, da maquinização, não há diferença de natureza, ao menos no que concerne ao ator. Aqui, como lá, o jogo deve ser absolutamente eficaz, expressivo, ritmado, geometrizado. Não há ruptura, mas apenas o encontro de um público e uma adequação profunda à época, o que Meyerhold denominará "o fogo purificador" da Revolução[66].

Como observam Alma Law e Mel Gordon, "coube aos estudantes e assistentes de direção de Meierhold a formulação da maior parte dos documentos básicos sobre a Biomecânica"[67]. Mikhail Korenev, um

---

62. Stanislávski referia-se ao seu programa de preparação do ator pela palavra "sistema".
63. K. S. Stanislávski, *A Preparação do Ator*, p. 44.
64. V. E. Meyerhold, *Textos Teoricos*, v.1, p. 296.
65. Idem, p. 293.
66. B. Picon-Vallin, A Música no Jogo do Ator Meyerholdiano, op. cit.
67. A. Law; M. Gordon, *Meyerhold, Eisenstein and Biomechanics*, p. 132.

desses alunos, por exemplo, listou, a pedido de Meierhold, os quarenta e quatro princípios da biomecânica. Alguns desses princípios já foram apresentados e comentados anteriormente a partir de textos do próprio Meierhold. Não pretendo, no entanto, fazer uma análise exaustiva de todos os quarenta e quatro princípios. Estou me restringindo, obviamente, àqueles relevantes para estabelecer relações entre a biomecânica e a concepção eisensteiniana do movimento expressivo. Nesse sentido, ao tratar mais adiante desta última, estarei retomando e apresentando outros princípios do movimento biomecânico. Antes disso, vale a pena citar de Korenev (ele próprio um instrutor de biomecânica) a seguinte definição e a listagem dos objetivos da biomecânica meierholdiana:

> "Biomecânica" é o termo criado por Vsévolod Meierhold para uma vertente especial de estudo no qual o ator, baseado no estudo dos movimentos naturais de homens e animais, desenvolve habilidades e hábitos específicos, essenciais para o trabalho profissional no palco.
>
> A "Biomecânica de Vsévolod Meierhold" procura estabelecer as leis de movimento do ator no espaço cênico, o desenvolvimento, através de procedimentos experimentais, de um programa de exercícios de treinamento e técnicas de atuação, baseado no cálculo exato e na regulação do comportamento do ator no palco[68].

Na prática, o treinamento biomecânico não se diferencia tanto do treinamento proposto por Meierhold à época do Estúdio da rua Borodínskaia. No GVYRM/GVYTM, os alunos eram instados a praticar exercícios simples, como andar, correr, saltar, cair etc., e exercícios mais complexos – os "*études* biomecânicos" ou "ginástica cênica" – envolvendo indivíduos ("O lançamento da pedra"), pares ("O tapa no rosto", "O golpe do punhal") ou grupos ("Cavalos")[69]. Esses exercícios derivam de várias convenções teatrais e estão relacionados aos *études*, elaborados e trabalhados por Meierhold e Solovióv no Estúdio. Os "*études* biomecânicos" se diferenciam, entretanto, daqueles exercícios trabalhados no Estúdio, na medida em que todo o assunto ou contexto anedótico, presente ainda de certa forma nos *études* do "laboratório" pré-revolucionário, é então descartado para que o aluno se concentre apenas na ação, no movimento e na aplicação dos princípios biomecânicos. "Assim", escreve Picon-Vallin, "a pantomima bem-amada de Meierhold (anos de 1915), a caça onde, em uma atmosfera de conto oriental, os atores perseguiam, miravam, e depois abatiam, com seus arcos e flechas imaginários, um pássaro maravilhoso, torna-se o curto exercício do 'Tiro com o arco' [...]"[70]. Nos dois primeiros anos de GVYRM/GVYTM, os exercícios biomecânicos eram em número de vinte

---

68. Korenev, The Biomechanics of Vsevolod Meyerhold, em A. Law; M. Gordon, op. cit., p.133.

69. Para uma descrição mais detalhada do treinamento biomecânico, ver A. Law; M. Gordon, op. cit., p. 99-105.

70. B. Picon-Vallin, A Música no Jogo do Ator Meyerholdiano, op. cit..

e dois[71]. Ao lado deles, complementando o treinamento biomecânico, Meierhold propunha também a prática de outras disciplinas físicas e esportivas, como a ginástica rítmica, a dança e a acrobacia.

O *MOVIMENTO EXPRESSIVO*

Eisenstein foi um desses alunos de Meierhold que se tornaram fundamentais para uma melhor compreensão das propostas da biomecânica. Além de ter resguardado o arquivo pessoal do seu professor contra qualquer profanação advinda do governo stalinista, Eisenstein deixou apontamentos, observações e textos valiosos sobre o tema. Não à toa. Eisenstein, assim como seu mestre, também buscava o movimento mais expressivo no teatro. É Meierhold quem declara:

> Durante o período em que Eisenstein trabalhou no Proletkult, ele documentou-se seriamente sobre o plano teórico, e estudou toda uma série de trabalhos de pesquisa concernindo o movimento e o comportamento do homem no espaço. Isso o ajudou a constituir num sistema harmonioso toda a experiência que ele havia adquirido no Estúdio biomecânico à época do *Corno Magnífico*, de *A Morte de Tariélkin* e de *A Floresta*, isto é em 1922/24. O que o ajudou? O movimento em sua expressividade maximal. A intenção precede o movimento, e se o corpo não está pronto a aceitar a tarefa, a intenção será destruída, a tarefa chegará em um terreno não preparado, e provocará uma catástrofe inevitável. Daí a necessidade de um enfoque racional do corpo[72].

No início do ano de 1922, Meierhold propôs a Eisenstein a escrita de um artigo sobre o movimento expressivo para a enciclopédia de teatro que Meierhold preparava. Eisenstein pediu ajuda ao amigo Serguei Tretiakóv na formulação do texto. O artigo, intitulado "Movimento Expressivo", foi escrito a quatro mãos em 1923, mesmo ano em que Eisenstein escreveu sozinho, e publicou, "Montagem de Atrações". Aliás, a publicação deste último texto na revista número três da *Lef* teria deixado Tretiakóv aborrecido com Eisenstein por ele não ter oferecido à publicação, ao invés de "Montagem de Atrações", o texto sobre movimento expressivo, escrito pelos dois[73]. "Movimento Expressivo" acabou não sendo publicado em nenhuma outra oportunidade na época e, posteriormente, quando da publicação em russo dos seis volumes da obra selecionada de Eisenstein, decidiu-se que o artigo deveria fazer parte da obra de Tretiakóv, apesar da sua dupla autoria.

A tradução de uma boa parte desse artigo, realizada por Alma Law, foi publicada em 1979 na revista *Millenium Film Journal*. Para a análise de "Movimento Expressivo", utilizo, no entanto, a sua tradução integral, publicada em 1996 no livro da mesma autora e de Mel

---

71. Ver A. Law; M. Gordon, op. cit., p. 105.
72. V. E. Meyerhold, *Écrits sur le théâtre*, t. 3, p. 231.
73. A. Law; M. Gordon, op. cit., p. 268-269.

Gordon intitulado *Meyerhold, Eisenstein e Biomecânica: treinamento do ator na Rússia Revolucionária*[74]. Além dessa tradução, utilizo também outros textos publicados nesse mesmo livro para a melhor compreensão do tema. São apontamentos que Eisenstein fez para as suas aulas no Proletkult: "Notas sobre Biomecânica", "Os Princípios do Movimento no Nosso Teatro" e "O que é um *Raccourci* e o que é uma Pose?"; e textos transcritos das aulas de Eisenstein no Instituto de Estudos Cinematográficos: "Sobre o Movimento de Recusa", "Conferência sobre Biomecânica, Março 28, 1935", e "Notas sobre Conferências de Eisenstein, 1934", este último de Marie Seton.

A princípio, "Movimento Expressivo" deveria apresentar os fundamentos teóricos e científicos da biomecânica. Entretanto, a referência expressa a Meierhold e às suas conquistas no âmbito do movimento cênico é praticamente nula. "Eisenstein e Tretiakov", como bem observa Arlindo Machado, "acreditavam poder amparar o jovem teatro soviético com uma metodologia científica de representação"[75]. Uma nova metodologia, desenvolvida por eles, por meio da qual fosse possível "a construção de expressões motoras das mais complexas fases (emoções) psicológicas"[76]. O grande referencial para os dois autores nessa empreitada é Rudolf Bode, professor alemão de movimento expressivo. Com efeito, o texto "Movimento Expressivo" é basicamente um resumo do livro *Ausdrucksgymnastik* (Ginástica Expressiva, 1922) de Bode. Este elaborou um sistema de treinamento geral, um método de exercícios para o desenvolvimento das potencialidades motoras do corpo humano e do controle consciente desses movimentos. Em 1935, Eisenstein justifica, da seguinte maneira, a sua preferência pelo professor alemão, em detrimento de Meierhold, para os seus alunos do Instituto de Estudos Cinematográficos de Moscou:

como ocorre muito em Meierhold, ela [a biomecânica] foi descoberta de forma puramente empírica. Porque Meierhold era um ator tão brilhante que podia se mover brilhantemente, ele dirigiu sua atenção fundamentalmente para certas leis que governavam suas próprias ações, e fixou-as como uma lei inerente a todas manifestações expressivas. Além disso, no desenvolvimento desses princípios, ele não foi original como se pode esperar. Todos os grandes atores em todos os períodos importantes conheceram e possuíram essas características. Alguns as formularam, outros não, e ainda outros foram capazes de reuni-las em um sistema ordenado. Em paralelo com Meierhold, isso foi feito – e num grau mais avançado – por Rudolf Bode que desenvolveu com eficácia inteiramente alemã todos aqueles princípios encontrados por Meierhold na Biomecânica e transformou-os em um sistema bem detalhado de treinamento do movimento[77].

---

74. A. Law; M. Gordon, *Meyerhold, Eisenstein and Biomechanics*.
75. A. Machado, op. cit., p. 32.
76. S. M. Eisenstein; S. Tretiakov, Expressive Movement, em A. Law; M. Gordon, op. cit., p. 185.
77. S. M. Eisenstein, Lecture on Biomechanics, March 28, 1935, em A. Law; M. Gordon, op. cit., p. 212.

Eisenstein e Tretiakóv se serviram das proposições básicas do sistema de Rudolf Bode para elaborar sua própria concepção de movimento expressivo para o teatro. Dentre essas proposições básicas, destaco aquelas que serão posteriormente consideradas por Eisenstein como a primeira e a segunda lei do movimento expressivo[78]:

1. O desenvolvimento do corpo deve ser baseado em movimentos naturais, isto é, movimentos que envolvem o corpo como um todo, em oposição aos movimentos artificiais;
2. O movimento expressivo é entendido como um movimento-conflito entre duas forças, alma e espírito, segundo Bode, ou entre movimentos reflexos e movimentos conscientemente coordenados, segundo Eisenstein e Tretiakóv.

A primeira lei do movimento expressivo será também considerada por Eisenstein como o "princípio da unidade do sistema expressivo"[79]. Bode recusava uma visão mecanicista do corpo humano. Seu método de desenvolvimento do corpo era baseado em movimentos orgânicos, pois esses o trabalhariam como um todo, englobando não apenas sua anatomia e fisiologia, mas também os instintos e os reflexos.

Quanto à segunda lei, a dupla de autores sublinha que Bode não entende o movimento como um fenômeno estético (o caso da dança) ou como um fenômeno da vontade (o caso do esporte), mas como um fenômeno da expressão, e esta expressão se desenvolveria entre esses dois pólos: "maestria da forma" e "treinamento da vontade". Sem sacrificar a forma e o ato voluntário, a ginástica expressiva de Bode vai potencializar o conflito entre movimento reflexo e movimento consciente. Como explica Oksana Bulgakowa,

Bode propõe um sistema de treinamento de interação entre essas duas forças, que acentuam o momento do conflito. Ele desenvolve exercícios de relaxamento e de tensão física, assim como a capacidade de dirigir seus movimentos conscientemente"[80].

Eisenstein vai nomear posteriormente essa segunda lei do movimento expressivo como "unidade de oposições"[81].

Já se vê aqui, em um dos primeiros textos teóricos de Eisenstein, a tensão entre unidade e conflito. Como aponta Aumont de maneira acertada: "esta luta entre uma concepção dialética como conflito e uma exigência de unidade, de organicidade, é *constante* em Eisenstein"[82].

---

78. Eisenstein não as enumera expressamente dessa maneira. Essa enumeração e a nomeação de tais leis podem ser deduzidas das suas observações.
79. S. M. Eisenstein, Lecture on Biomechanics, March 28, 1935, em A. Law; M. Gordon, op. cit., p. 215.
80. O. Bulgakowa, op. cit., p. 177.
81. S. M. Eisenstein, Lecture on Biomechanics, March 28, 1935, em A. Law; M. Gordon, op. cit., p. 215.
82. J. Aumont, *Montage Eisenstein*, p. 84.

Ainda segundo Aumont, seria, de certa forma, falso afirmar – como ocorreria em alguns estudos sobre Eisenstein e o materialismo dialético –, a existência de dois "Eisensteins" diferentes: um, o jovem revolucionário dos anos de 1920 que privilegiaria uma concepção dinâmica da dialética, uma "luta dos contrários", e outro o idealista dos anos trinta e quarenta, em busca da "arte total e sintética", no qual a preocupação pela "unidade" e "organicidade" esmagaria a concepção de conflito. De fato, Eisenstein está sempre lidando com essa tensão entre o conflito e a unidade como resolução desse conflito.

É importante destacar também que a primeira lei do movimento expressivo corresponde à lei básica da biomecânica. Como Korenev escreve na lista dos quarenta e quatro princípios do programa de treinamento de Meierhold:

> Toda Biomecânica é baseada na premissa de que se a ponta do nariz trabalha, o corpo inteiro então faz o mesmo. O corpo inteiro toma parte no trabalho do mais insignificante órgão do corpo. Deve-se, antes de tudo, estabelecer o equilíbrio do corpo inteiro. Sob a menor tensão, o corpo inteiro trabalha[83].

Isso também se depreende das próprias anotações de Eisenstein sobre a biomecânica, realizadas quando era professor e encenador do Proletkult, bem como das suas aulas sobre o assunto, já como professor de cinema.

> Biomecânica é o primeiro passo em direção ao Movimento Expressivo. Além desse primeiro passo, que basicamente não era muito grande, o próprio Meierhold nunca foi. Ele permaneceu dentro dos limites daquela ginástica biomecânica especial e não deu passos na direção de um sistema de Movimento Expressivo. Em essência, a Biomecânica é válida apenas porque um dos seus princípios básicos está na base do Movimento Expressivo – Movimento Expressivo é aquele movimento que procede de acordo com regras orgânicas do movimento[84].

Apesar dessa crítica à biomecânica, é nela que Eisenstein encontrará, vale ressaltar, um princípio de movimento relacionado ao próprio princípio de contradição (segunda lei do movimento expressivo), o *otkaz*, já comentado anteriormente e que será retomado mais adiante.

Para Eisenstein e Tretiakóv, entretanto, a expressividade do movimento cênico está ligada não apenas a essa noção de conflito entre duas forças opostas e à noção de organicidade do movimento, mas também à concepção de atração, que será igualmente uma idéia fundamental em todo o percurso artístico de Eisenstein.

---

83. M. Korenev, Principles of Biomechanics, em A. Law; M. Gordon, op. cit., p.135.

84. S. M. Eisenstein, Lecture on Biomechanics, March 28, 1935, em A. Law; M. Gordon, op. cit., p. 206.

Qualquer movimento intencional ideal (movimento-padrão) pode ser considerado um movimento expressivo. Mas se vamos falar de movimentos cênicos, de movimentos específicos que têm como objetivo afetar e criar carga e descargas emocionais, então, em contraste com todos os outros movimentos, consideramos sua expressividade a qualidade específica desses movimentos em evocar no espectador uma reação predeterminada, em criar uma impressão (a atração potencial dos movimentos)[85].

A diferença entre os movimentos expressivos cotidianos e os movimentos expressivos cênicos residiria então na necessidade que estes últimos têm de "contagiar o espectador com emoção"[86], de "criar uma impressão". Como exemplo do que Eisenstein e Tretiakóv querem dizer, posso me utilizar aqui da descrição feita por um outro estudioso do tema, Charles Darwin, de movimentos considerados bastante expressivos: os sintomas característicos de uma pessoa sob o sentimento da fúria.

Sob essa poderosa emoção, a ação do coração se acelera muito, ou pode ser bastante perturbada. O rosto fica vermelho, ou roxo pelo sangue impedido de refluir, ou pode ainda ficar pálido de morte. A respiração é forçada, arqueando o peito e com tremor e dilatação das narinas. Muitas vezes o corpo todo treme. A voz é afetada. Cerram-se os dentes e o sistema muscular é geralmente estimulado a uma ação violenta, quase frenética[87].

Diante de uma imagem dessas, a bem da verdade, pessoa alguma deixaria de ser afetada, estando o furioso em um palco ou ao seu lado na cama. Entretanto, no teatro, segundo a teoria de Eisenstein e Tretiakóv, o ator não teria necessidade de vivenciar emocionalmente o estado de fúria e nem simplesmente de copiar o resultado do processo motor, mas deveria realizar os movimentos requisitados para a expressão de fúria com correção orgânica, isto é, seguindo as duas leis fundamentais do movimento expressivo, e de maneira que esses movimentos fossem *atrativos* para o espectador.

Eisenstein e Tretiakóv combinaram a ginástica expressiva de Bode com o conceito de atração que, no texto "Movimento Expressivo", assume o sentido do "efeito psicológico, previamente calculado, sobre o espectador"[88]. No manifesto "Montagem de Atrações", como foi visto no tópico sobre o *agit-guignol* e será retomado logo adiante, o conceito de atração será ampliado e aprimorado, ganhando novas implicações (ideologia e violência) *vis-à-vis* o espectador. Mas já se pode fazer

---

85. S. M. Eisenstein; S. Tretiakov, op. cit., p. 184.
86. Idem, p.189.
87. C. Darwin, *A Expressão das Emoções no Homem e nos Animais*, p. 77. Em "Conferência sobre Biomecânica", Eisenstein refere-se ao livro de Darwin da seguinte maneira: "Não acredite em nada que ele fala em termos teóricos, mas como um catálogo de observações, esse estudo é muito interessante". S. M. Eisenstein, Lecture on Biomechanics, March 28, 1935, em A. Law; M. Gordon, op. cit., p. 218.
88. S. M. Eisenstein; S. Tretiakov, op. cit., p. 187.

aqui um paralelo: assim como Eisenstein vai querer um *movimento expressivo atrativo* no que diz respeito à relação entre ator e público, ele também vai almejar uma *montagem atrativa* quanto à relação entre encenação e espectador. Nos dois casos, Eisenstein deixa bem clara a importância do espectador em suas propostas teatrais. Aliás, a teoria de Eisenstein do movimento expressivo poderia, na verdade, ser renomeada, até mesmo para se diferenciar das outras existentes, como *movimento atrativo*. Nomeada dessa forma, ficaria mais evidente a afinidade entre esta teoria e a teoria da *montagem de atrações*.

Nesse ponto, pode-se dizer que Eisenstein e Tretiakóv propõem algo novo e vão mais além do que Meierhold na pesquisa do movimento expressivo. Se este decompôs o jogo do ator, aqueles decompuseram a própria relação entre ator e espectador e criaram um conceito para dar conta disso – a *atração*. Como se vê, a ênfase, proposta por Eisenstein e Tretiakóv, não é mais no ator, e sim na sua relação com o público.

Mas como o espectador sofreria esse "efeito psicológico, previamente calculado"? Eisenstein e Tretiakóv reinterpretam a teoria da expressão de William James, segundo a qual, *grosso modo*, um estado psicológico deriva de uma expressão fisiológica. "Não choramos porque estamos tristes, estamos tristes porque choramos" – é a famosa frase que resume sua teoria. Conforme Bulgakowa, a teoria de James é, por eles, combinada com a hipótese do médico inglês Carpenter de que "a observação de um movimento (mesmo de uma imagem imaginada de um movimento) produz sobre os músculos do observador contrações semelhantes, mas enfraquecidas"[89]. Carpenter foi o primeiro que descreveu esse fenômeno ideomotriz, comprovado mais tarde pelo método eletrofisiológico. "Você já pôde observar esse efeito sobre o seu corpo: Quando você vê um filme com perseguições muito enérgicas ou um combate violento, você sente uma tensão física sobre os seus próprios músculos"[90].

É nessa perspectiva que o espectador, ao ver a execução de um *movimento expressivo atrativo*, reproduziria reflexivamente, e de maneira mais fraca, o movimento executado pelo ator. E, ao reproduzir reflexivamente esse movimento, acabaria sendo levado a sentir a experiência emocional construída pelo movimento cênico. Por fim, o objetivo não é a "sinceridade" do movimento do ator, mas a sua imitação, sua mímica contagiante[91].

O que é bastante peculiar nisso tudo é que, segundo Eisenstein e Tretiakóv, "a tensão puramente produtiva na qual o ator se encontra no desenvolvimento consciente do esquema designado da atração, leva à

---

89. O. Bulgakowa, op. cit., p. 176.
90. Idem, ibidem.
91. S. M. Eisenstein; S. Tretiakov, op. cit., p. 187.

mínima situação emocional, a qual por outro lado cresce e se desenvolve à custa da energia muscular inutilizada no espectador"[92]. Para a dupla de autores, o ator sente um mínimo de emoção ao produzir o *movimento atrativo*, fazendo, por outro lado, com que o espectador sinta essa emoção de forma potencializada. Aqui, o menos leva ao mais. Do cálculo do efeito psicológico a ser causado no espectador, Eisenstein quer extrair o máximo de emoção. É Arlindo Machado quem escreve:

> Tente imaginar um sujeito que pretendesse controlar os seus orgasmos matematicamente, podendo prever o momento exato do acme e a sua duração; essa seria talvez a metáfora mais precisa do projeto (ou, se quiserem, da "utopia") teatral de Eisenstein: um máximo de controle intelectual para um máximo de prazer efetivo. Essa tensa unidade da razão e da paixão vai perdurar ao longo de toda a sua obra e será mesmo, se esquematizarmos um pouco, o *tema* eisensteiniano por excelência, perseguido até as vésperas da morte. Nos anos [de 19]30, inclusive, ele será enfocado mais de perto, sob forma de uma investigação teórica e prática em torno da produção do "êxtase"[93].

Vê-se, então, no texto "Movimento Expressivo", a presença de outra tensão importante na obra de Eisenstein: a tensão entre a razão e a paixão, bem apontada por Machado. Aqui já se tem a primeira tentativa de Eisenstein de fundamentar cientificamente o efeito da obra de arte causado no espectador.

Diante do acima exposto, fica um pouco mais fácil de se entender como Eisenstein pretendia atingir emocionalmente o espectador. O movimento do ator em cena deveria ser expressivo, ou melhor, *atrativo*, de tal forma que produzisse no espectador contrações musculares fortes, gerando a emoção requisitada pelo projeto do encenador. Uma emoção de bases mais físicas do que psicológicas. Mais músculo do que alma. Eisenstein propõe uma materialidade da emoção.

Charles Darwin, em seu estudo de 1872, aponta a "facilidade com que nossa simpatia é despertada quando contemplamos qualquer emoção forte"[94]. Pode-se dizer, talvez, que essa simpatia apontada por Darwin seja um dos efeitos que Eisenstein pretende causar sobre o espectador por meio do movimento expressivo. Em suas memórias, Eisenstein escreve sobre a sua perplexidade quando, ao observar um garoto de sete anos assistindo aos ensaios no Primeiro Teatro Operário do Proletkult, percebeu que o rosto da criança, tal qual um espelho, mimava tudo aquilo que acontecia em cena[95]. Essa mímica do garoto – descoberta preciosa para Eisenstein – não deixa de estar fundamentada na simpatia, cujo sinônimo aqui seria a afinidade, a identidade[96], entre

---

92. Idem, ibidem.
93. A. Machado, op.cit., p. 34.
94. C. Darwin, op. cit., p. 27.
95. S. M. Eisenstein, *Mémoires*, p. 172.
96. Vale assinalar que Eisenstein não se utiliza dos termos "simpatia", "identificação" e "afinidade" em seu texto sobre o *movimento expressivo*. Sou eu quem estou relacionando esses termos com o seu texto.

duas coisas, nesse caso específico, entre a atuação do ator e o espectador. Para Eisenstein, o espectador só será *atraído* se os movimentos apresentados em cena forem orgânicos, pois só dessa forma o espectador poderá reproduzi-los e senti-los em seu próprio corpo.

Há em toda esta proposta ou utopia teatral de Eisenstein (como diz Arlindo Machado) uma certa obsessão pelo efeito calculado no espectador. Efeito este que, se por um lado tem bases "materiais", musculares, físicas, por outro está fundamentado numa certa "teoria do reflexo": o espectador reproduz reflexivamente o movimento do ator. Eisenstein não estaria levando em conta, portanto, as possíveis (e reais) diferenças e assimetrias existentes na relação da obra (teatral, cênica) com seus receptores. Visto numa perspectiva mais atual, este parece ser um limite da concepção de Eisenstein. Sua ênfase no reflexo, na simpatia, na convergência supõe que as principais relações entre cena e espectador, ou pelo menos aquelas que seriam desejáveis, sejam de afinidade.

Apesar dessa identificação entre ator e espectador, a proposta de Eisenstein é bem diferente daquela de Stanislávski. Em Eisenstein, a identificação não está centrada na emoção psicológica, se assim se pode dizer, mas no movimento, no gesto. A ênfase do trabalho do ator recai no movimento deste e não no trabalho de sentir sinceramente a emoção de seu personagem, como propunha Stanislávski. Ademais, apesar da vontade de organicidade do movimento, isso não quer dizer em absoluto que Eisenstein pretenda uma imitação naturalista da natureza. Eisenstein está longe disso. A propósito, Eisenstein e Tretiakóv em "Movimento Expressivo" fazem, em nota, uma crítica ao teatro de Stanislávski já que, para eles, o trabalho com a "memória afetiva" não teria uma preocupação com a expressividade do trabalho do ator[97].

Por outro lado, a pesquisa de Eisenstein, apesar de muito próxima da biomecânica de Meierhold, também se distingue desta. Eisenstein, de certa forma, não está tão preocupado com a dialética do dentro e do fora, do exterior e do interior, muito presente nas discussões estéticas de Stanislávski e Meierhold; sua atenção está, na verdade, mais voltada para o espectador como alvo do *movimento atrativo* do ator. Eisenstein parece também estar mais preocupado com a qualidade orgânica do movimento do que seu ex-professor. É nesse sentido que ele faz mais uma crítica contundente à biomecânica:

---

97. "Anteriormente, o teatro buscava movimentos corretos, construindo-os por meio da memória emotiva [*perejivanie*], isto é, por meio da tonalidade emocional que dá ao movimento um caráter automático (e, portanto, a autenticidade) da vida real (mas de nenhuma maneira a expressividade de afetar o espectador). O novo teatro, por outro lado, tem como um de seus objetivos o desenvolvimento da habilidade do ator, independente da tonalidade emocional (memória afetiva), para decompor um movimento e reproduzi-lo". S. M. Eisenstein; S. Tretiakov, op. cit., p. 190.

Em partes, as performances de Meierhold são muito boas, mas como composições elas não são suaves. Essa é uma das principais faltas do seu teatro como um todo. Isso se deve ao fato de que muitas das suas produções são tão agudas visualmente que dão a chata impressão de aspereza ao espectador. A sua produção de *O Sábio* [M. S. tem em mente *O Corno Magnífico*] era tão marcada que cada movimento se encaixava em uma folha de ponto. Quando ocorrem meias-horas em que o movimento reduz de intensidade é como a ineficiência de alguns cinemas moscovitas onde o filme quebra e ocorrem interrupções[98].

É curiosa essa oposição que Eisenstein faz entre "composições suaves" e "composições ásperas". Eisenstein está preocupado com a precisão do trabalho do ator, mas com uma precisão mais fluida, orgânica, e não com a precisão de máquina que ele identifica nas performances de Meierhold. Vale ressaltar que nos anos de 1930, Eisenstein vai enfatizar a importância da síntese na sua teoria do movimento expressivo:

Ambas – Todos os atores têm que ser mestres nos dois tipos de técnica [técnicas de interpretação de Stanislávski e de Meierhold]. Ambas as escolas são unilaterais e se recusam a considerar os elementos da outra. [...] Nosso objetivo é criar uma escola sintética que deve abranger uma combinação natural. O todo é conectado ao materialismo dialético, dois opostos se unindo em uma síntese – Stanislávski, anti-Stanislávski: entrando em um novo período. *Devemos pegar o que há de essencial em cada uma delas* pois atualmente podemos apreciar o que é essencial. Devemos ficar felizes por termos chegado nessa era sintética e por podermos criar isso na arte[99].

Desde 1932, com a publicação dos objetivos da Associação de Escritores Soviéticos (RAPP) para a cena teatral soviética, havia um ataque ao que se considerava, então, extremos artísticos: o sistema de Stanislávski pelo seu idealismo e a biomecânica de Meierhold pelo seu formalismo e mecanicismo. Nesse sentido, a crítica de Eisenstein a Meierhold e Stanislávski se coaduna com a visão artística vigente.

Otkaz e Rakurs

Segundo Eisenstein e Tretiakóv, o sentido da *atração* do movimento também diz respeito à ênfase no movimento. Como os profissionais do circo, o ator tem que tornar o movimento visualmente interessante e excitante. É preciso "vender" o movimento, como escreve a dupla de autores em questão[100]. Esta técnica de venda, de ênfase, o ator da escola de Eisenstein e Tretiakóv vai encontrar na performance circense e também na biomecânica de Meierhold. Em "Movimento Expressivo", os dois autores fazem referência direta ao *otkaz* – um dos princípios da biomecânica –, como procedimento *atrativo* do movimento.

---

98. S. M. Eisenstein; M. Seton, Notes on Eisenstein's lectures, 1934, em A. Law; M. Gordon, op. cit., p. 245.
99. Idem, p. 250.
100. S. M. Eisenstein; S. Tretiakov, op. cit., p. 191.

Formulado por Meierhold-Dapertutto e seus parceiros, durante os anos de 1910, no Estúdio da rua Borodínskaia, o *otkaz* consiste num pequeno movimento de recusa na direção oposta do movimento a ser produzido: recuo antes de avançar, elevação da mão antes de desferir um golpe, flexão antes de se colocar em pé[101]. Como elemento do treinamento biomecânico, o *otkaz* também funciona como um sinal de prontidão para a realização de uma nova tarefa, efetuado pelo ator ao seu parceiro de exercício ou de palco. "O *otkaz*", observa Picon-Vallin, "indica um corte exato entre o movimento precedente e a preparação do movimento seguinte, permite a reunião dinâmica de dois elementos de um exercício, o destaque do elemento vindouro, dando-lhe um estímulo, uma impulsão, um trampolim"[102].

Eisenstein dará uma importância fundamental ao *otkaz* no desenvolvimento posterior da sua teoria do movimento expressivo. Sua conferência "Sobre o Movimento de Recusa", prelecionada no Instituto de Estudos Cinematográficos, deveria fazer parte do primeiro capítulo do seu livro sobre direção (*Realização*), tal a relevância dada ao *otkaz* na sua teoria[103]. Eisenstein considerará este princípio biomecânico que se funda na contradição, na recusa, na "negação da negação", aplicável a todos os tipos de fenômenos, sejam eles físicos ou mentais. No âmbito do movimento do ator, para Eisenstein, a justificativa da necessidade do *otkaz* se funda numa lei orgânica do movimento. Sempre que realizamos um movimento com genuíno gasto de energia, temos que antes fazer um movimento oposto a esse. Eisenstein usa como exemplo o fato de que quando precisamos pular sobre algo, instintivamente damos alguns passos para trás para só assim encararmos de vez o obstáculo. Dessa maneira, para "entrar na consciência do espectador", o movimento nunca pode ser iniciado num ponto morto, isto é, de forma estática, já que, organicamente, sempre existiria no movimento uma dinâmica causada pelo ponto de mudança entre duas direções[104]. Vale a pena assinalar aqui a tensão entre conflito e organicidade. O movimento de recusa é respaldado na organicidade.

O *rakurs* é outro princípio do movimento biomecânico do qual Eisenstein vai se utilizar para aumentar a expressividade do movimento e, assim, afetar os sentidos do espectador. Apesar de Tretiakóv e Eisenstein, em "Movimento Expressivo", não se referirem expressamente ao *rakurs*, como o fazem em relação ao *otkaz*, em notas de aulas sobre a biomecânica, à época em que ensinava no Proletkult, Eisenstein afirma que "a posição de *raccourci* [*rakurs*, "escorço", em

---

101. B. Picon-Vallin, *Meyerhold*, p.113.
102. Idem, ibidem.
103. A. Law; M. Gordon, op. cit., p.163.
104. S. M. Eisenstein, On Recoil Movement, em A. Law; M. Gordon, op. cit., p. 193.

francês] é a única posição do corpo do ator que age dinamicamente sobre o espectador. E nisso reside o significado da biomecânica para o espectador"[105]. Segundo Eisenstein, o *rakurs* é um "movimento fixo retirado do movimento geral"[106]. Este movimento consistiria no ponto de mudança entre dois movimentos e traria em si, para usar a expressão de Eisenstein, "a dinâmica congelada de um momento"[107]. Ele condensaria em si uma dinâmica mais ampla, uma dinâmica do todo. Vale lembrar que a palavra *rakurs* significa também resumo, síntese. Em contraposição ao *rakurs*, a pose seria um arranjo do corpo com função meramente estética, sem relação alguma com o movimento geral; seria estática e não-utilitária. O *rakurs*, pelo contrário, seria sempre dinâmico e utilitário. Acredito que o sentido de utilidade esteja aqui relacionado com o fato de afetar ou não o espectador. E no sentido também, talvez, de que o *rakurs* está comprometido com algo mais amplo do que ele. O *rakurs* recorta um todo, resume um todo. A pose não teria esse engajamento.

Meierhold, em "Chaplin e o Chaplinismo", texto em que traça paralelos entre a obra de seu ex-aluno Eisenstein e a do ator e diretor cinematográfico, aponta o modelo de interpretação de Chaplin como grande exemplo de uma movimentação expressiva.

> Devemos estudar essa técnica com Chaplin. Porque suas "ajustagens" de um segundo que são uma espécie de jogo estático, a máscara que se petrifica na imobilidade são os pontos de acumulação da racionalidade porvir no seu jogo. Dito de outra forma, deve-se aprender segundo Chaplin, a maneira de dispor racionalmente seu corpo no espaço, assim como se aprende observando um ginasta, ou um ferreiro que manipula seu martelo[108].

Ao mesmo tempo em que Eisenstein, na sua teoria do movimento expressivo, busca uma maior organicidade dos movimentos, também não deixa de enfatizar a "imobilidade dinâmica" postulada pela biomecânica de Meierhold. Esse momento de congelamento, o *rakurs*, não quer dizer, para os dois autores, falta de tensão, pelo contrário, significa "ação cheia de intenção", "potencialidade do movimento", "arranjo do corpo para a máxima expressividade, a essencialidade do movimento mecanicamente preciso"[109]. Esta citação do próprio Eisenstein mostra a tensão entre organicidade e movimento mecânico, entre o vivo e o morto. Aliás, quem poderia ser imaginado

---

105. S. M. Eisenstein, Notes on Biomechanics, em A. Law; M. Gordon, op. cit., p.164-165.
106. S. M. Eisenstein, What is a Raccourci and What is a Pose?, em A. Law; M. Gordon, op. cit., p. 169.
107. Idem, p.168.
108. V. E. Meyerhold, *Écrits sur le théâtre*, t. 3, p. 231-232.
109. S. M. Eisenstein, What is a Raccourci and What is a Pose?, em A. Law; M. Gordon, op. cit., p. 169.

movimentando-se por meio da construção de movimentos congelados seria um robô ou um morto eletrocutado, como a filha do Doutor Charrier, na peça *A Horrível Experiência*.

O método da biomecânica possibilitaria ao ator a capacidade de análise do movimento. Esta análise estaria fundada justamente na decomposição do movimento. A partir dessa decomposição, segundo Eisenstein, o ator selecionaria o *rakurs* – a posição mais expressiva, a posição que sintetizaria o ponto de mudança entre dois movimentos. Seria então o *rakurs*, esta posição fixa, mas ao mesmo tempo dinâmica, que seria utilizada pelo ator na construção de um movimento. O movimento poderia, então, ser entendido como uma *montagem* de *rakurs*, como uma *montagem* desses *movimentos congelados* mas "cheios". É Eisenstein quem escreve, tratando da biomecânica, que "*mise en scènes* podem ser construídas a partir de *raccourcis*"[110].

Creio ser possível ver a cena de Dvinsk, descrita por Eisenstein, como um *raccourci*. O "grande afresco de *dança macabra*" dos esqueletos do campo de Dvinsk foi uma imagem arrebatadora para Eisenstein justamente porque o posicionamento de cada esqueleto retratava exemplarmente, numa única imagem, o momento do ataque. E neste sentido, fixava, condensava uma dinâmica. Essas posições conseguiram causar uma forte impressão no espectador-Eisenstein, envolvendo-o na tragédia representada pela cena de maneira direta, imediata. A interrupção do movimento e seu conseqüente congelamento aconteceram no momento crucial daquela batalha: a da morte dos soldados. A postura de cada esqueleto já dizia tudo sobre o que acontecera naquele momento. Semelhante à tragédia que aconteceu em Pompéia.

Se no cinema Eisenstein decide "priorizar em seu trabalho conceitual materialista, a imobilidade do fotograma"[111], no teatro, Eisenstein busca "isolar dentre todos os movimentos produzidos pelo ator no palco apenas aqueles dotados de intenção, aqueles capazes de interferir sobre a percepção do espectador", apenas *movimentos expressivos*[112].

O Golem e o Robô

O trabalho da atriz de teatro Judith Glizer foi louvado por Eisenstein por sua técnica precisa na criação de um personagem, conferindo aos gestos e aos movimentos deste um grande valor expressivo. A respeito da performance de sua amiga, ex-aluna e atriz das primeiras experiências teatrais no Proletkult, Eisenstein, destacando a tensão entre organicidade e mecanicidade, assim escreve no texto *Judith*:

110. S. M. Eisenstein, Notes on Biomechanics, em A. Law; M. Gordon, op. cit., p. 165.
111. L. R. Martins, Teoria da Arte – Teoria da Montagem: poéticas do choque, de Cézanne a *Outubro*, em F. Albera, *Eisenstein e o Construtivismo Russo*, p. 19.
112. A. Machado, op. cit., p. 33.

Um tal rigor de escrita?
Não é então uma atriz inspirada pela graça divina?
É um engenheiro?
É um construtor?
Um algebrista?
Com um cronômetro no lugar do coração?
Com um metrônomo no lugar da alma?
Qualquer coisa entre o Golem e o Robô?[113]

Nesta descrição, Eisenstein aproxima o trabalho de Glizer àquele desempenhado pelo engenheiro, uma das figuras-chave da vanguarda dos anos de 1920, pelo seu caráter de criador, produtor, pensador, realizador e, acima de tudo, de homem eficiente[114]. Glizer é ao mesmo tempo engenheiro e máquina, mas não uma máquina ou um engenheiro quaisquer. Interessante é que Eisenstein mistura tecnologia com misticismo, ao se referir à "graça divina" como inspiração e ao Golem. Ligado à cultura judaica, o Golem é uma figura humana à qual rabinos teriam o poder de dar vida por meio de artes mágicas. Para Eisenstein, a atuação de Glizer segue um padrão automatizado, situando-se, entretanto, entre a tecnologia e a magia, nunca sendo apenas humana. A expressividade requerida para o trabalho de um ator, segundo a citação acima de Eisenstein, traz em si a tal tensão entre organicidade e mecanicidade, entretanto, é preciso ressaltar que a organicidade da qual trata Eisenstein, pelo menos nesse caso específico, não é a organicidade presente num ser humano comum, ordinário. O orgânico está aí relacionado ao Golem, algo que tem forma humana, mas que não é humano[115]. O impacto da imagem do campo de Dvinsk sobre Eisenstein também decorre de que ali quem está atuando não são atores vivos, mas esqueletos de soldados russos.

Movimento Expressivo e *Treinamento Biomecânico*

Se Eisenstein, por um lado, sempre criticou a falta de sistematização e de cientificidade do sistema de Meierhold (apesar da proximidade deste sistema com a sua teoria do movimento expressivo), por outro, teve que se servir, na prática, do treinamento biomecânico. O depoimento

---

113. Escrito em março de 1947. S. M. Eisenstein, *Mémoires*, p. 433.
114. M. Lavin, Photomontage, Mass Culture, and Modernity: utopianism in the circle of new advertising designers, em M. Teitelbaum (Edit.), *Montage and Modern Life 1919-1942*, p. 45.
115. Poderiam ser feitas várias considerações acerca dessa comparação entre o trabalho da atriz Judith e o Golem, tendo em vista que existem vários significados para o Golem na cabala judaica. Por exemplo, a figura do Golem pode ser associada à matéria informe, amorfa, ou a um ser terrestre, porém de dimensões cósmicas. Fica porém para uma próxima oportunidade a análise dessa comparação. Aliás, um texto sobre Eisenstein e a Cabala não seria de todo improvável. Sobre o assunto, ver G. Sholem, *A Cabala e seu Simbolismo*, p. 189-240.

do ator Aleksandr Levshin, quanto aos ensaios de *O Sábio*, demonstra bem a importância dada por Eisenstein a esse treinamento:

um assunto completamente novo para nós foi introduzido [nas aulas] – Biomecânica. Eisenstein devotou um bom tempo para a base teórica desse assunto com referências ao trabalho de Meierhold, ao *Paradoxo sobre o Ator* de Diderot, à *Arte do Ator* de Coquelin e ao teatro Kabuki [...]
Lições práticas em Biomecânica foram ministradas por um especialista no assunto, Valery I. Inkizhinov [...][116]. Em Biomecânica, fomos conquistados pela formação lógica do movimento do ator, pela possibilidade em analisar seu sentido e eficiência para obter o efeito desejado, e estávamos fascinados pela abordagem racional no trabalho com um companheiro. [...]
Estávamos literalmente enfeitiçados pela relativamente fácil, a não ser para o executor, mecânica tangível de mudança do movimento do suporte – os pés – para as pontas dos dedos. Lembro de vários exercícios nos quais essas proposições eram precisas e claras: "O Tapa no Rosto", "O Golpe do Punhal", "Carregando o Parceiro em Seus Braços", "Correr de Quatro (com uma Pessoa em Pé nas Suas Costas)", "Cair no Chão"[117]. [...]
Como nosso tempo de trabalho era dividido? Das nove até uma hora, tínhamos aulas de ginástica, rítmica, boxe, esgrima, e trabalho circense. Além dessas matérias "clássicas" em cultura física, Serguei Mikhailovitch insistentemente nos encorajou a aprender a cavalgar e a fazer acrobacias no lombo de um cavalo. (Ele mesmo foi conosco para a escola de equitação e não era um mau cavaleiro.)[118]

Mesmo em 1935, já como professor de cinema, Eisenstein vai continuar a adotar exercícios de biomecânica como treinamento para seus alunos-diretores. Como exposto em "Conferência sobre Biomecânica", esses exercícios seriam valiosos porque fariam com que a pessoa sob treinamento compreendesse sobretudo o princípio da unidade do movimento – a primeira lei do movimento expressivo –, isto é, o princípio de que em qualquer manifestação motora, o corpo como um todo participa do movimento, seja ele o menor dos gestos. A biomecânica serviria então como uma ferramenta para o domínio dessa lei. "Sem uma maestria da Biomecânica", afirma Eisenstein, "você nunca entenderá o movimento expressivo corretamente, e você só pode entender o movimento expressivo apenas quando pode reproduzi-lo"[119]. Entretanto, Eisenstein, nessa mesma aula, sublinha que, se estivesse à frente do treinamento de um grupo de atores, descartaria os exercícios de biomecânica e proporia outros, novos. Aqueles antigos estariam ligados a um período da experiência de Meierhold e

---

116. O protagonista do filme de Pudovkin *Tempestade sobre a Ásia*.
117. Em inglês, respectivamente: "Slap on the Face", "Stab with a Dagger", "Carrying a Partner in One's Arms", "Race on All Fours (with a Person Standing on Your Back)", "Fall to the Floor".
118. A. Levshin, At Rehearsals of "The Wiseman", em A. Law; M. Gordon, op. cit., p. 171-172.
119. S. M. Eisenstein, Lecture on Biomechanics, em A. Law; M. Gordon, op. cit., p. 219.

acabavam, por conta disso, tornando-se mais facilmente um clichê e ganhando um aspecto decorativo, estilizado. Seria preciso então utilizar os exercícios biomecânicos com cuidado. Quanto ao treinamento do movimento expressivo, Eisenstein ainda aconselha seus alunos a estudar o assunto pelo resto da vida, a não depender de um complexo especial de exercícios e a praticar exercícios do ponto de vista expressivo sempre que puderem.

> Como eu ensino meus estudantes no GIK, você deve usar toda oportunidade para fazer exercícios motores. Por exemplo, pulando para dentro de um carro, abrindo uma porta, subindo em móveis e por aí vai. Cada coisa é uma desculpa para acumular experiência individual no movimento. Em cada caso, deve haver um objetivo motor particular que possa ser solucionado de uma ou de outra maneira. E é por isso que eu digo não ser necessária a existência de um complexo especial de exercícios. O importante é trabalhar as leis e de acordo com elas resolver o que se apresenta[120].

Para Eisenstein, o ensino da biomecânica e dos princípios do movimento expressivo era de fundamental importância para seus alunos-diretores. Um diretor de teatro ou de cinema, de acordo com a sua concepção, deveria estar apto a executar qualquer tipo de movimento expressivo para auxiliar no trabalho do ator, fazendo correções na movimentação deste ou mesmo demonstrando a execução correta do movimento. Mas não apenas por isto. Como veremos no próximo capítulo, a teoria eisensteiniana do movimento expressivo vai auxiliar seus alunos-diretores não só na construção de um personagem, mas também na concepção de todo o filme. Pois já que o cinema produz o efeito de movimento, é preciso, segundo Eisenstein, conhecer as leis do movimento expressivo.

O Movimento Expressivo *em Cena*

Tratei nos tópicos anteriores da base teórica do movimento expressivo eisensteiniano e também do treinamento dos seus atores e mesmo dos seus alunos-realizadores sob o ponto de vista dessa mesma teoria. Quanto à construção do movimento nas peças dirigidas por Eisenstein, é difícil estabelecer precisamente como a ginástica expressiva de Rudolf Bode e o treinamento da biomecânica influenciaram o trabalho dos seus atores em cena. De qualquer forma, no que diz respeito, sobretudo, à encenação do seu mais comentado espetáculo, *O Sábio*, fica evidente a ênfase no gestual e no trabalho corporal do ator, sendo este levado, nesse caso específico, à apresentação de acrobacias e de uma performance circense. Eisenstein prezava a precisão e a valorização do movimento (ou "venda" do movimento) presentes numa performance de circo, pois essas qualidades causariam um

---

120. Idem, p. 221.

efeito reflexo direto no espectador. Em *O Sábio*, Eisenstein aproveita-se então dos temas sugeridos pelo enredo da peça para fazer uma *montagem* de números de circo, dança, canto, duelos de esgrima etc., prevendo que essas *atrações* provocariam mais facilmente "choques emocionais" no espectador.

Sobre o trabalho dos atores em *O Sábio*, Eisenstein escreve: "Um gesto se expande em ginástica, a violência se expressa através de uma cambalhota, a exaltação através de um *salto mortale*, o lirismo no 'mastro da morte'"[121]. Para se compreender um pouco desse estilo "grotesco" de atuação – expressão utilizada pelo próprio Eisenstein –, transcrevo logo abaixo a descrição das *atrações* 17 e 18 do espetáculo *O Sábio*:

> 17. Vôo do herói numa corda para a cúpula (tema – suicídio por desespero). [Após a publicação de seu diário e do fracasso de seu casamento, Glumov está desesperado. Decide suicidar-se e pede um "cordão" ao contra-regra. Do teto desce uma corda. Ele põe "asas de anjo" nas costas e é içado para a cúpula, na mão uma vela acesa. O coro canta "No céu noturno voou um anjo" (famosa romança baseada no poema de Lérmontov). Esta cena parodia a Ascensão.]
> 18. Ruptura da ação: retorno do vilão – suicídio interrompido. [Golutvin entra em cena. Ao ver seu inimigo, Glumov passa a injuriá-lo. Desce e se atira sobre o vilão.][122].

Nas atrações 17 e 18, como se pode ver, há um processo de figuração dos "momentos psicológicos" mais extremados. Essa figuração se dá por meio de gestualidades e acrobacias específicas. O tema da atração 17 é "suicídio por desespero". Ao invés de simplesmente amarrar a corda em volta do pescoço, Glumov é içado em direção à cúpula do teatro com asas de anjo nas costas e com uma vela acesa na mão. O ato de morrer não é representado "dramaticamente", mas fisicamente e com todos os adereços necessários para simbolizar essa morte. Há uma ruptura total com qualquer projeto de cena ilusionista. O próprio contra-regra é instado a tomar parte da "ascese" de Glumov. Morrer aqui é "subir ao céu" literalmente, mesmo se ainda se está vivo e se esse céu é a cúpula de um teatro. Nesta cena (ou atração), Glumov parodia a subida ao céu de Jesus Cristo ressuscitado. A técnica circense, aqui, dá apoio à expressividade requerida por Eisenstein e também à sua crítica à Igreja. Para Eisenstein, vale ressaltar, a atração vai ter sempre um caráter ideológico, como ele mesmo sustenta em "Montagem de Atrações".

---

121. S. M. Eisenstein, *A Forma do Filme*, p. 18. Nesta peça, Eisenstein obrigava Madame Mamaieva a escalar um "mastro da morte", que consistia numa vara que saía da cintura do general Kroutitski e alcançava o balcão da sala de baile do teatro do Proletkult de Moscou. S. M. Eisenstein, *Mémoires*, p. 94.

122. S. M. Eisenstein, Montagem de Atrações, em I. Xavier (org.), op. cit., p. 194-195.

Na atração 18, a ascese de Glumov é logo interrompida com o retorno do vilão à cena. Glumov desiste assim da sua "grande experiência espiritual" e se atira sobre ele. O ódio ao inimigo supera o seu desejo de morte. Há aqui uma montagem de atrações inteiramente opostas, contraditórias: na atração 17, Glumov sobe aos céus como um anjo para logo ser interrompido e, na atração 18, cair por terra e se engalfinhar com seu inimigo.

Os diálogos da peça também se desdobravam em ações físicas ou acrobáticas. Mamaieva, por exemplo, diz em um momento que está fora de si e daí tira a roupa. Ou então, para escapar de uma perseguição, sobe no "mastro da morte".

Quanto à *Escuta, Moscou?*, Eisenstein declara que nesta montagem conseguiu sintetizar a "ação real" com a "imaginação pictórica", por meio de uma "técnica específica de encenação"[123]. Mas qual seria essa técnica? Christine Hamon, no texto "A Montagem nas Primeiras Realizações de Eisenstein no Teatro", dá pistas:

> Diferentemente do *Sábio*, a peça de Tretiakóv enseja um modo de inserção das atrações no limite da verossimilhança do tema o que lembra o uso que faz disto o teatro tradicional, mas este rigor, se ele tira a liberdade do espetáculo, permite um melhor destaque da linha de agitação, isto que Eisenstein nomeia "a conclusão ideológica final" do espetáculo[124].

Nesta peça, o que talvez estivesse em jogo não fosse a mesma expressividade de *O Sábio*, mas uma expressividade mais preocupada com a verossimilhança do enredo, sem abrir mão, entretanto, da precisão, da ênfase, enfim, da *atratividade* do movimento.

Em *Máscaras de Gás*, Eisenstein aprofunda essa tendência. As *atrações* de *O Sábio* cederam lugar ao trabalho mais centrado na estrutura dramática do texto, que "deveria por acumulação de atrações sempre perfeitamente integradas à ação galvanizar o entusiasmo do público a propósito dos temas de agitação escolhidos"[125].

É Arlindo Machado quem escreve sobre as encenações de *Escuta, Moscou?* e *Máscaras de Gás*:

> Tanto numa como noutra, ele [Eisenstein] se esforçou por aperfeiçoar a sua técnica, reduzindo ainda mais o número de "atrações", para garantir um controle maior do trabalho do ator, a ponto de chegar ao extremo de tornar expressivos até mesmo um piscar de olhos ou o ranger dos dentes[126].

---

123. S. M. Eisenstein, *A Forma do Filme*, p. 18.
124. C. Hamon, op. cit., p. 154.
125. Idem, p. 157.
126. A. Machado, op. cit., p.38.

A *MONTAGEM DE ATRAÇÕES*[127]

Em 1923, no mesmo ano em que escreve "Movimento Expressivo" a quatro mãos com Tretiakóv, Eisenstein, a convite da revista *Lef*, apresenta o seu método de "construção" do espetáculo teatral, a *montagem de atrações*, por meio de um texto de mesmo título. Enquanto o primeiro texto diz respeito mais especificamente ao movimento do ator e ao modo como esse *movimento expressivo atrativo* vai atuar sobre o espectador; o segundo trata da encenação como um todo, ampliando, ou, poder-se-ia dizer também, aprofundando o conceito de *atração* trabalhado no texto "Movimento Expressivo", e conjugando-o com o conceito de *montagem*, que também, de certa forma, está presente nessa mesma concepção de expressividade do movimento (a montagem de *raccourcis*)[128].

Eisenstein escreveu o texto "Montagem de Atrações" como base teórica da encenação de *O Sábio*, peça em que continua a desenvolver seu trabalho como cenógrafo e em que pode como encenador, pela primeira vez, colocar em prática suas próprias idéias. Diferentemente de Meierhold, para Eisenstein, em lugar do ator, seria o espectador o material básico do teatro. A própria nomeação do método de encenação eisensteiniano faz referência ao momento de produção (*montagem*) e de recepção (*atrações*) do espetáculo.

Na Rússia revolucionária, essa era uma proposta afinada com o ideal construtivista de "organizar a vida". Para os construtivistas, o artista, ou melhor, o *designer* criativo, exerceria a mesma função social do cientista e do engenheiro. O princípio norteador de uma realização artística seria sua capacidade em "satisfazer as necessidades materiais, expressar as aspirações, organizar e sistematizar os

---

127. Para a abordagem do texto "Montagem de Atrações", foram consultadas duas traduções: a brasileira, traduzida do inglês por Vinícius Dantas, a partir da versão de Daniel Gerould, publicada em *The Drama Review*, março de 1974, e a francesa, traduzida diretamente do russo por Sylviane Mossé, publicada em *Au-delà des étoiles*, tomo 1 das obras escolhidas de Eisenstein editadas em francês. As citações referentes ao texto de Eisenstein foram retiradas da tradução para o português. A leitura comparativa das duas traduções foi fundamental, pois o que em uma é de difícil entendimento, na outra é possível ler com maior clareza. Na verdade, falar de clareza é meio inadequado ou exagerado já que, apesar de Eisenstein prezar um certo rigor na definição dos termos e na explicação do seu novo método de encenação, o texto em si incita mais dúvidas do que certezas. Nele talvez seja melhor dizer que se encontram pistas para a compreensão do que Eisenstein considera como *atração* e *montagem* (no âmbito do teatro), do que seja seu "sistema de construção do espetáculo". Para uma análise mais aprofundada do texto citado, debruço-me também, é claro, sobre o texto "Movimento Expressivo", comentado em tópicos anteriores, e sobre o texto "Como me Tornei um Realizador", publicado em suas memórias.

128. Não sei com certeza qual dos dois textos foi escrito primeiramente (acredito que tenha sido "Movimento Expressivo"), contudo, essa informação não tem uma importância fundamental visto que os dois textos, de certa forma, complementam-se.

sentimentos do proletariado revolucionário"[129]. É nesse sentido que Eisenstein elabora o seu método de encenação teatral, entendendo o teatro na sua acepção utilitária cuja meta seria "orientar o espectador numa determinada direção". Ele inicia o texto da seguinte maneira:

> Em duas palavras: o programa teatral do Proletkult não consiste na "utilização dos valores do passado", nem na "invenção de novas formas de teatro" mas na abolição da própria instituição do teatro enquanto tal, substituindo-a por um local de apresentação de experiências que visam a *elevar o nível organizacional da vida cotidiana das massas*. A organização de oficinas de trabalho e a elaboração de um sistema científico para a elevação deste nível são tarefas imediatas da seção científica do Proletkult no campo teatral[130].

Para Eisenstein, o teatro não deveria mais existir como instituição burguesa, como aparelho artístico produtor apenas de obras, mas como um laboratório onde são realizadas experiências que atuarão diretamente na organização do cotidiano da população. Eisenstein assume uma postura de cientista e enfatiza o principal objetivo das suas experiências no âmbito teatral: calcular o efeito da obra de arte no espectador. Haveria, portanto, em sua produção teórica uma certa ambição de construir uma "teoria da recepção". E este objetivo ele vai perseguir por toda a sua trajetória artística.

O Conceito de Atração

Assim como fez com o estudo do movimento expressivo, Eisenstein vai investigar "cientificamente" as leis que regeriam um espetáculo teatral. Em suas memórias, ele narra a descoberta da sua teoria ao estilo das histórias policiais, que ele tanto amava, estilo apropriado para descrever o clima artístico da época e o desejo dos artistas de "assassinar" a arte.

> A arte e seu assassino em potencial [...] acomodam-se juntos no processo criador, em meio a essa atmosfera única, inesquecível, dos anos vinte – vinte e cinco.
> O assassino, entretanto, não se esquece de empunhar seu punhal. Como já se disse, o punhal, em nosso caso, é o bisturi da análise.
> Não nos devemos esquecer que aquele que se dedicou a essa tarefa de um estudo científico de mistérios e de segredos é um jovem engenheiro.
> De todas as disciplinas que ele percorreu, ele reteve essa regra primeira segundo a qual, propriamente falando, um empreendimento se torna científico no momento em que o domínio da pesquisa adquire uma unidade de medida.
> Procuremos, então, a unidade que medirá a influência exercida pela arte!
> A ciência conhece os "íons", os "elétrons", os "nêutrons".
> A arte terá – as "atrações"!
> Do processo de produção, um termo técnico passou para a linguagem corrente, designando as *assemblages* em matéria de máquinas, de tubulações de água, de máquinas-ferramentas,

---

129. A. Scharf, Construtivismo, em N. Stangos (org.), *Conceitos da Arte Moderna*, p. 116.
130. S. M. Eisenstein, Montagem de Atrações, em I. Xavier (org.), op. cit., p. 187.

a bonita palavra "montagem", que designa – uma *assemblage*.
Se a palavra ainda não está na moda, ela tem potencialmente o necessário para funcionar.
Prossigamos!
E que *a combinação das unidades de influência em um todo* receba essa dupla designação, meio-produção, meio-*music-hall*, absorvendo um e outro dessas duas palavras!
[...]
Assim nascerá o termo "montagem de atrações".
Se eu já tivesse conhecido Pavlov naquela época, teria chamado a teoria da montagem de atrações "teoria dos excitantes artísticos"[131].

Vê-se, então, que a *atração* é a unidade de medida encontrada por Eisenstein para o cálculo da influência exercida pela arte sobre o espectador. Ele busca aqui uma análise cientificamente calculada dos efeitos da arte. Para descobrir a tal medida, Eisenstein precisou vestir a carapuça de assassino e com o seu punhal – "o bisturi da análise" – examinar detalhadamente, decupando e fragmentando, o "corpo" da arte. Orgulhoso da sua descoberta, Eisenstein elabora uma espécie de método da construção de um espetáculo teatral: "*a combinação das unidades de influência em um todo*". Essa seria uma outra definição para a sua montagem de atrações.

As duas premissas básicas desse método de construção do espetáculo teatral consistem, então, em: 1. "o próprio espectador passa a constituir o material básico do teatro"; e 2. "o teatro utilitário [...] sempre tem por meta orientar o espectador numa determinada direção (estado de espírito)"[132].

Sendo o espectador o seu foco principal, Eisenstein vai se utilizar de todos os elementos que constituem o aparato teatral, sem fazer distinção hierárquica entre texto, som, iluminação, figurino, já que cada elemento desses pode ter sua presença justificada por ser uma *atração*.

Atração (do ponto de vista teatral) é todo aspecto agressivo do teatro, ou seja, todo elemento que submete o espectador a uma ação sensorial ou psicológica experimentalmente verificada e matematicamente calculada com o propósito de nele produzir certos choques emocionais que, por sua vez, determinem em seu conjunto precisamente a possibilidade do espectador perceber o aspecto ideológico daquilo que foi exposto, sua conclusão ideológica final[133].

Como se vê, no manifesto "Montagem de Atrações" o conceito de atração é ampliado, aprofundado e relacionado ao espetáculo como um todo. Em "Movimento Expressivo", a atração é o "efeito psicológico, previamente calculado, sobre o espectador". É importante ressaltar que esse conceito da atração está indissociavelmente ligado à expressividade do movimento (e vice-versa) e que em torno

---

131. S. M. Eisenstein, *Mémoires*, p. 176-177.
132. S. M. Eisenstein, Montagem de Atrações, em I. Xavier (org.), op. cit., p. 189.
133. Idem, p. 189.

desse conceito figuram as noções de *cálculo, precisão, organicidade, dinamismo, interrupção, imobilidade dinâmica* e *montagem*. No manifesto "Montagem de Atrações", essas noções continuam envolvendo a atração, mas surgem outras também fundamentais: a *violência* da atração e sua dimensão ideológica. Mais à frente no texto, Eisenstein faz referência à atração como ação, como algo acessório, ornamento e artifício real. Aqui também é importante sublinhar que o conceito de atração está indissociavelmente ligado à concepção de montagem. E vice-versa.

A Violência da Atração

Para tratar da violência da atração, farei uma rápida recapitulação do que já foi abordado anteriormente. Vimos que Eisenstein, numa atitude condizente aos artistas dos movimentos de vanguarda da época (futurismo, cubo-futurismo e excentrismo), vai privilegiar formas de entretenimento popular, como o circo, o teatro de feira, o "primeiro cinema", o *music-hall*, os parques de diversão, que não estariam comprometidas com uma narrativa inteiramente unificada. A organização desse tipo de entretenimento funda-se sobremaneira num conjunto de atrações que vão construindo o espetáculo e que estimulam direta e imediatamente a platéia. Eisenstein, em seu manifesto, vai se referir à realidade imediata do espetáculo de Grand-Guignol para que se compreenda o tipo de "ação sensorial e psicológica" provocada pela atração, à qual deveria ser submetido o espectador.

Vimos também que Eisenstein, numa atitude de quem quer elaborar a sua própria teoria teatral, o seu próprio sistema "científico" da encenação, vai abarcar na sua teoria não apenas os espetáculos de entretenimento popular, mas também espetáculos como a ópera e o balé. Neles também existiriam efeitos *atrativos* ("cortina de efeito", "saída triunfal", "número fora de série"), mas que, segundo Eisenstein, seriam utilizados pelos diretores de maneira intuitiva e sem um objetivo preciso. Aquilo que era considerado acessório e ornamental deveria ser transferido, conforme a teoria de Eisenstein, para o centro de atenção do espetáculo, já que possuiria a capacidade de *atrair* o espectador. Como ele mesmo escreve em suas memórias, reafirmando o seu desejo de criar uma "teoria da recepção":

É interessante lembrar aqui que [na sua teoria] o elemento decisivo era *o espectador* e que, conseqüentemente, [ela] consistia na primeira tentativa de organização da influência da arte, e de redução de todas as influências diversas exercidas sobre o espectador a uma espécie de *denominador comum* (*independentemente do domínio ao qual elas pertencem* e da medida que elas tenham)[134].

---

134. S. M. Eisenstein, *Mémoires*, p. 177, entre parênteses, grifo meu.

Isto posto, ainda resta a dúvida: como essa violência da atração, esse impacto, terá um poder de influência sobre o espectador? Ou melhor: como ocorre na verdade essa "submissão" do espectador às atrações apresentadas em cena?

Não se encontra, propriamente, essa resposta no texto "Montagem de Atrações", mas algumas pistas podem ser percebidas nas memórias de Eisenstein. Este, refazendo todo o processo mental que o levou a pensar na sua teoria, escreve sobre o garoto de sete anos que, assistindo aos ensaios no Proletkult, reproduzia em seu rosto as ações dos personagens em cena. Vale ressaltar que isso valia não apenas para a ação de um personagem específico, mas para todos os personagens em cena simultaneamente. Eisenstein não se recorda se essa reprodução mímica do espetáculo era causada também pela aparição de objetos inanimados em cena. Entretanto, pela maneira como ele vai conceituar a atração no seu manifesto, fica claro que todos os recursos disponíveis no teatro que tenham um caráter agressivo serão considerados atrações.

Voltando às memórias de Eisenstein, ele comenta esse comportamento exterior dos personagens refletido no rosto do garoto fazendo referência à famosa fórmula de William James: "Não choramos porque estamos tristes, estamos tristes porque choramos". O curioso é que Eisenstein não faz referência explícita à sua teoria do movimento expressivo, entretanto sugere praticamente o mesmo percurso exposto nessa teoria. Ao reproduzir a mímica dos atores, o garoto poderia "'reviver' simultaneamente e completamente tudo aquilo que vivem os artistas em cena, ou aquilo que eles representam de maneira bastante convincente"[135].

Nesse caso, segundo Eisenstein, o poder de influência da arte do teatro sobre o espectador poderia ser encarado como uma "trapaça" (ora, "tendo possibilidade de alcançar o prazer pela ficção – quem então irá procurá-lo no contexto da vida real, autêntica, efetiva [...]!")[136]. Entretanto, já que a influência da ficção da arte do teatro seria um dado comprovado, Eisenstein vai se utilizar disso de uma maneira que ele considerava positiva naquele momento, já que o jovem Estado proletário, "para realizar suas tarefas urgentes, tem de exercer uma influência infinita sobre os corações e os espíritos"[137]. Se na teoria do movimento expressivo a atração relaciona-se com a simpatia do espectador provocada pela realização de um movimento conforme as leis do movimento expressivo, na teoria da montagem de atrações, o elemento de ficção do espetáculo teatral vai ter um caráter fundamental na identificação do espectador com o que é apresentado em cena. Não é à toa

---

135. Idem, p. 173.
136. Idem, p. 174.
137. Idem, p. 175.

que num texto de 1926, Eisenstein vai "renunciar" a atração a favor do conceito de *pathos*.

Vale a pena pontuar, entretanto, a diferença entre esse projeto de Eisenstein e o de Stanislávski. Em Eisenstein, há simpatia, identificação, mas em sua montagem de atrações a emoção e o efeito psicológico são intensificados pelo procedimento de montagem dos momentos e elementos de grande impacto sensorial no espectador, configurando-se dessa forma um outro tipo de espetáculo, bem diferente da proposta stanislavskiana.

Diante do que foi exposto nos parágrafos acima, pode-se pensar que quanto mais violentas as atrações de um espetáculo, mais fortes as contrações musculares provocadas nos espectadores, atingindo, por conseguinte, o seu emocional. Surge aqui também a noção de simultaneidade. Para Eisenstein, um espetáculo vai se constituir num bombardear simultâneo de estímulos, numa "*combinação de unidades de influência em um todo*"[138].

Vê-se então que, de certa maneira, Eisenstein expande a sua teoria do movimento expressivo para a concepção de todo o espetáculo teatral. Ao invés de *montagem de atrações*, poder-se-ia também falar, em relação ao espetáculo, de *montagem de movimentos, aspectos e momentos expressivos*.

A Dimensão Ideológica da Atração

As teorias eisensteinianas da montagem de atrações e do movimento expressivo são bem sensoriais, no sentido de que pretendem provocar um efeito emocional no espectador, por meio de seu corpo, dos seus músculos contraídos, por meio de suas sensações. Parte-se sempre de um aspecto concreto do espetáculo para outro de ordem conceitual. Isso está exposto de maneira clara na própria definição de atração e também no momento em que Eisenstein a qualifica como

a unidade molecular (isto é constitutiva) da *ação efetiva* do teatro e do *teatro em geral* [...] – na medida em que é difícil precisar onde termina o fascínio exercido pela nobreza do herói (momento psicológico) e onde começa a sua sedução pessoal (isto é, sua ação erótica sobre o espectador); o efeito lírico de uma série de cenas de Chaplin é inseparável do caráter de atração da mecânica específica de seus movimentos; da mesma maneira como é difícil delimitar o momento onde o *pathos* religioso dá lugar ao prazer sádico nas cenas de martírio das representações dos Mistérios etc.[139].

Neste trecho, Eisenstein aponta para o que seriam, a princípio, ou num certo senso comum, antinomias – "momento psicológico"/"ação erótica", "efeito lírico"/mecânica dos movimentos, "*pathos* religioso"/ "satisfação sádica" – mas que ele justapõe como partes de um mesmo

138. Idem, p. 177.
139. S. M. Eisenstein, Montagem de Atrações, em I. Xavier (org.), op. cit., p. 190.

processo. (Nestes exemplos, o que se encontra em foco é o corpo do ator e o do espectador, mostrando, de certa forma, que, no teatro, Eisenstein dá especial atenção ao corpo dos atores na criação de imagens e sensações para o espectador). O momento psicológico e o momento sensório, corpóreo, estariam assim confundidos. Talvez por isto a "cor da malha da prima-dona" (elemento sensorial: a cor) seja tão importante quanto o "monólogo de Romeu". A atração engendra, assim, outros aspectos fundamentais do espetáculo ligados a uma esfera imaterial, conceitual. Diferentemente do truque, da simples apresentação de uma habilidade artística, de um movimento, gesto e ação que se bastam por si mesmos – Eisenstein dá o exemplo da acrobacia –, a atração deve ser entendida como algo que existe sempre em relação: com o espectador, com as outras atrações da encenação, com a proposta ideológica do encenador. É nisso que consistiria a eficácia da atração.

Justamente por seu caráter relativo, uma atração não é eficaz sozinha. As atrações formam um sistema, uma constelação, na qual cada uma tem brilho próprio. É apenas em conjunto, como se encontra expressamente escrito na sua própria definição, que a atração terá eficácia ideológica. A montagem de múltiplos estímulos produziria sensações descontínuas no espectador, levando-o a produzir uma conexão intelectual. Seria a montagem que possibilitaria a produção de um efeito ideológico e a percepção desse efeito apresentado em cena. Daí porque, repito, não se poderia pensar a atração de forma isolada, apartada da concepção de montagem.

Ismail Xavier observa:

> [Eisenstein] sabe que o espetáculo, enquanto "diz" sua mensagem, se dirige à sensualidade do espectador, tem um poder de sedução e de impacto que depende do trabalho sobre as emoções advindo de sua "fisicalidade". O que o autor de *Outubro* procura, neste particular, é uma proposta de ação sobre o pensamento que se apóie também no aspecto sensório do espetáculo, uma vez que nunca tentou desligar a idéia de "passar conceitos" daquela força das emoções provocadas num espectador que adere ao que vê, se identifica a ponto de "sair de si mesmo" na reação ao que de injusto se desenha na ação ficcional organizada pela montagem[140].

Diante dessas considerações, vê-se que para Eisenstein a adesão do espectador corresponde também à sua possibilidade de reação e crítica ao que foi apresentado em cena, por meio da montagem e da fisicalidade do espetáculo. Isso é proposto por Eisenstein tanto para o teatro como para o cinema. Em *A Greve*, por exemplo, o suicídio do operário, injustamente acusado de roubo por seus patrões, desencadeia um forte sentimento de revolta em seus colegas, não muito diferente do sentimento que Eisenstein pretendia, parece-me, provocar no espectador.

---

140. I. Xavier, Eisenstein: a construção do pensamento por imagens, em A. Novaes (org.), *Antepensamento*, p. 362.

Entretanto, a leitura da descrição do epílogo de *O Sábio*, formado por 25 atrações, englobando fragmento de filme de detetive, número musical, acrobacias, palhaçadas, duelo de espadas, explosão de fogos de bengala sob as poltronas dos espectadores etc., inspira dúvida sobre a eficácia ideológica desse espetáculo. De acordo com Law e Gordon, críticos *leftistas* consideraram a peça ininteligível para qualquer pessoa. Provavelmente por causa disso, uma sinopse da trama tinha que ser lida antes do início da performance[141]. Hamon se refere aos três níveis de leitura da peça como complicadores do seu entendimento. Ela escreve:

> Tretiakóv e Eisenstein na verdade só se utilizam da trama do texto inicial que pode ser conduzida como uma intriga de *vaudeville*: o jovem herói, Glumov, a pedido de seu tio Mamaiev, fica encarregado de fazer companhia à tia; ele acaba se dando muito bem, pois Mamaieva sucumbe ao charme de seu sobrinho, cujo interesse maior, entretanto, é dar o golpe do baú numa jovem herdeira noiva de um hussardo. Esse é o primeiro nível de leitura da peça. Essa redução desmistificadora da intriga é acompanhada de uma atualização da trama, situada não mais no contexto da burguesia russa do século XIX, mas no meio da emigração parisiense. Vemos assim aparecer figuras célebres do teatro de *agit-prop*: Miliukov, Joffre etc., e se multiplicarem as alusões à atualidade, notadamente ao retorno do espírito burguês sob a NEP. Essa atualização permite então trazer ao texto uma dimensão de peça de agitação política e às vezes de sátira anti-religiosa. Enfim, num terceiro nível, o texto de Ostróvski serve de pretexto a uma montagem livre de atrações, inspiradas no circo e no *music-hall*, mas esta "cirquização" do espetáculo afeta bem mais o jogo cênico do que a reescritura do texto. É então a interferência desses três níveis de leitura que determina as significações complexas do espetáculo e, em particular, dos personagens; cada tipo na verdade assume uma personalidade tripla: Mamaiev se torna Mamiliukov-do-Estreito (contração do nome do herói de Ostróvski e de Miliukov que havia sido a favor da retomada dos estreitos turcos para a Rússia); ele também era apresentado sob os traços de um *clown* branco. Krutitski representa igualmente o Marechal Joffre, enquanto que Kurtchaiev se desmembra em um trio de hussardos wrangelistas e o herói Glumov aparece sob os traços do *clown* George. O papel de cada ator se transforma assim em uma montagem de réplicas e de comportamentos, relacionados a cada um dos três registros, contribuindo largamente para a dificuldade de leitura do espetáculo[142].

Como bem observa Aumont, a questão do espectador e, mais amplamente, a da eficácia ideológica da arte, não se restringe à experiência de Eisenstein, sendo mesmo uma das grandes questões dominantes de todo o período pós-revolucionário[143]. Sobre a experiência prática da montagem de atrações, Aumont declara:

> O problema neste ponto [...] reside na tensão, para não dizer na contradição, entre seu [da *atração*] lado de agressividade, de surpresa (seu lado Proletkult), e seu lado de eficiência, de utilitarismo (seu lado leninista, se pode ser dito). Tensão que, no âmbito da sociedade soviética, chega rapidamente, sabe-se, à incompatibilidade absoluta.

141. M. Gordon; A. Law, Eisenstein's Early Work in Expressive Behavior: the montage of movement, em *Millenium Film Journal*, p. 27.
142. C. Hamon, op. cit., p. 149-150.
143. J. Aumont, op. cit., p. 60.

Lembramos das diatribes de Lênin contra a política de "tábula rasa" do Proletkult, julgada por ele implicitamente esquerdista, e à qual ele preferia modos mais tradicionais de educar e de influenciar o espectador[144].

Para Eisenstein, esta tensão entre o caráter agressivo da atração e o seu caráter utilitário não parecia configurar uma contradição. Como se verá no próximo capítulo, Eisenstein continuará lidando, na sua teoria e prática cinematográficas, com essa dupla determinação da eficácia de uma obra de arte: político-ideológica e psicológica.

A Montagem de "Artifícios Reais"

No último parágrafo do texto "Montagem de Atrações", Eisenstein afirma que:

> O cinema e principalmente o *music-hall* e o circo são a escola do montador teatral, pois, em seu sentido exato, montar um bom espetáculo (do ponto de vista da forma) significa construir um sólido programa de *music-hall* e de circo partindo das situações de um texto (peça) teatral de base[145].

Apesar de citar o circo, o *music-hall* e o cinema (colocado em segundo plano em relação aos outros espetáculos), o método de construção do espetáculo de Eisenstein aproxima-se sobremaneira das artes plásticas, mais especificamente da *collage*. Em dois momentos do texto essa referência é direta.

Primeiramente, Eisenstein compara a atração ao "amontoado figurativo" de George Grosz[146] e aos elementos de "foto-montagens" de Ródtchenko[147].

Em segundo lugar, refere-se da seguinte maneira à montagem de atrações:

> O meio que libera o teatro do jugo da "figuração ilusionista" e da "representação" – até agora decisivas, inevitáveis e unicamente possíveis – implica a montagem de "coisas reais", ao mesmo tempo em que permite a inserção de "segmentos figurativos" inteiros e de um enredo coerente, não mais como elementos suficientes por si próprios e determinantes de tudo, mas como atração dotada de um grande efeito, conscientemente selecionada para uma proposta precisa[148].

A "montagem de 'coisas reais'" equivale, de certo modo, aos procedimentos artísticos próprios da *collage*: a introdução na obra do elemento "real" e a justaposição desses elementos na obra. Na tradução

---

144. Idem, p. 63.
145. S. M. Eisenstein, Montagem de Atrações, em I. Xavier (org.), *A Experiência do Cinema*, p. 192.
146. George Grosz (1893-1959): artista alemão.
147. Aleksandr Ródtchenko (1891-1956): pintor, *designer* e fotógrafo russo.
148. S. M. Eisenstein, Montagem de atrações, em I. Xavier (org.), *A Experiência do Cinema*, p. 191.

francesa, ao invés de "coisas reais", há a expressão "artifícios reais"[149], que me parece bem mais interessante, pois trata, por meio de um paradoxo, da problemática do uso do termo "realidade" em relação à arte; neste caso, especificamente, em relação à *collage*. O paradoxo consiste na referência simultânea ao artifício e à realidade. A justaposição desses dois termos confere ao uso do termo "realidade" a ambigüidade própria de uma *collage*. Quando, por exemplo, uma composição artística inclui um pedaço de jornal, esse fragmento de jornal mantém e perde, ao mesmo tempo, a relação com seu contexto original. Ele remete ao jornal, mas deixa de ser, na obra, apenas um recorte de jornal. Numa *collage*, há sempre o jogo da dupla leitura: "a do fragmento percebido em relação ao seu texto de origem, e a do mesmo fragmento como incorporado em um novo conjunto, uma totalidade diferente"[150]. É esta tensão entre realidades distintas que Eisenstein vai buscar nas suas encenações. E refere-se a elas a partir do famoso comentário de Tchékhov[151] repudiando a introdução de efeitos realistas no palco:

devo dizer, relembrando minhas próprias realizações teatrais de 1920 a 1924, que a posição defendida por mim se situava exatamente oposta à de Tchékhov.
No meu próprio trabalho, o "retrato ilusório" da representação cênica se rasgava cada vez mais para deixar aparecer um... nariz "material" surgindo com insistência. De início, a título do que eu chamava "ação real", durante meu período de circo, depois, mais tarde – já no cinema – pela intervenção de elementos de realidade, de fatos e de "tipos" vivos deformados minimamente pela vontade do diretor e utilizados sobretudo por justaposição na montagem[152].

A crítica de Tchékhov diz respeito à confusão entre verdade e realismo, quando este é o projeto artístico proposto (como no caso do teatro de Stanislávski, por exemplo). Eisenstein não pretende o "retrato ilusório", ele não persegue esse tipo de efeito realista. Tanto para Eisenstein quanto para Tchékhov, o teatro é artifício, mas os dois têm concepções artísticas bem diferentes. Enquanto Tchékhov compara o teatro a um quadro que não pode ser destroçado, Eisenstein aproxima o teatro a uma *collage*, com todos os conflitos e tensões provocados pelo uso dos diferentes materiais que a compõem. Para Eisenstein, a força da obra está justamente na quebra da harmonia, no conflito, na montagem de elementos díspares.

Pode-se falar de inserção de elementos reais no sentido ambíguo que o termo "realidade" possui numa *collage*, e também no sentido político que este termo ganha na época da Rússia revolucionária.

149. S. M. Eisenstein, *Au-delà des étoiles*, p. 119.
150. Grupo Mu apud M. Perloff, op. cit., p. 102-103.
151. "O teatro é arte. Kramskoi tem um quadro de gênero no qual são representados uns rostos maravilhosamente. O que aconteceria se o nariz pintado de um deles fosse cortado e substituído por um nariz de verdade? O nariz seria realista, mas o quadro ficaria destroçado". A. P. Tchékhov apud V. E. Meyerhold, *Textos Teoricos*, v. 1, p. 136.
152. S. M. Eisenstein, *Le Mouvement de l'art*, p. 146.

Ao se trazer "coisas reais" para o palco (Meierhold, por exemplo, na montagem de *A Terra em Alvoroço*, adaptação de Tretiakóv do drama *La Nuit* de Marcel Martinet, levou para o palco telefones, metralhadoras, fogões de campanha. A platéia dividia o espaço com bicicletas, automóveis e motos que ocupavam os corredores subindo até o tablado[153]), os diretores da época pretendiam aproximar a arte dos acontecimentos (e das materialidades) sociais e políticos da época, querendo mostrar que a realidade poderia e estava sendo transformada. A introdução de elementos reais nos espetáculos alcançou um tal grau de radicalidade que foi preciso sair do prédio do teatro e experienciar novas maneiras de envolver o espectador (*vide* os "festivais de massa" ou "demonstrações de massa").

A Montagem Expressiva

Em seu manifesto, Eisenstein define da seguinte maneira a montagem de atrações:

> *Uma abordagem autenticamente nova que altera de forma radical a possibilidade dos princípios de construção da "estrutura ativa" (o espetáculo em sua totalidade); em lugar do "reflexo" estático de um determinado fato que é exigido pelo tema e cuja solução é admitida unicamente por meio de ações, logicamente relacionadas a este acontecimento, um novo procedimento é proposto: a montagem livre de ações (atrações) arbitrariamente selecionadas e autônomas (também exteriores à composição e à cena de exposição do enredo representado pelos atores), porém com o objetivo preciso de atingir um certo efeito temático final. É isso a montagem de atrações.*[154].

A proposta teatral de Eisenstein vai de encontro a um projeto ilusionista, centrado no enredo da peça, na lógica dos acontecimentos, nos limites da verossimilhança. Para Eisenstein, o enredo é apenas mais uma atração não determinante na organização da peça. A fragmentação do discurso rompe, então, com o efeito ilusionista de um teatro que se pretende "'reflexo' estático de um determinado fato". Entretanto, apesar da descontinuidade do discurso, da ênfase no procedimento da montagem, da estranheza provocada no espectador, metralhado por várias e distintas referências visuais, há uma preocupação com o sentido total da obra na proposta teatral eisensteiniana. O princípio norteador da obra é o objetivo ideológico pretendido pelo encenador. Em *O Sábio*, tem-se a crítica ao retorno do espírito burguês sob a NEP e a sátira anti-religiosa. Em *Escuta, Moscou?*, a linha de agitação é dedicada à situação revolucionária na Alemanha. Em *Máscaras de Gás*, o acidente na fábrica é o mote para se tratar do desenvolvimento da industrialização e do controle

---

153. A. M. Ripellino, *O Truque e a Alma*, p. 275.
154. S. M. Eisenstein, Montagem de Atrações, em I. Xavier (org.), op. cit., p. 191, em itálico no original.

do trabalhador sobre a produção. Essa preocupação de Eisenstein com o sentido final da obra acaba fazendo com que seu projeto artístico apresente, de fato, uma tensão, já apontada no presente trabalho, entre uma tradição teatral e os procedimentos artísticos da vanguarda utilizados por ele. Como escreve Ismail Xavier:

> A incorporação do velho no novo, a idéia de mobilizar o melhor da tradição pictórica, teatral, literária para a condução da cultura a novo patamar é o traço eisensteiniano por excelência, define a peculiaridade da sua intervenção no debate cultural. Seu esforço foi sempre o de compatibilizar suas experiências, impulsionadas por um modernismo em diálogo com a tradição, e uma demanda social e política que aceitou tanto quanto o fizeram figuras como Meyerhold, Maiakovski, Vertov e Tretiakov, entre outros[155].

Essa visão eisensteiniana do espetáculo teatral como uma articulação entre o fragmento (a *atração*) e o todo (o *efeito temático final*) possibilita uma aproximação entre a sua teoria da montagem de atrações e a do movimento expressivo. A primeira lei do movimento expressivo diz respeito, justamente, à necessidade de organicidade do movimento, ou seja, o menor movimento do ator deve contar com o trabalho do seu corpo como um todo. A montagem, para Eisenstein, parece ter também esse sentido de organicidade já que precisa garantir o sentido geral do espetáculo a partir das atrações. Cito logo abaixo a descrição que Eisenstein faz do uso da montagem em uma das cenas de *O Sábio*, a fim de comentar, então, a relação entre esse procedimento e o princípio da contradição, relacionado à segunda lei do movimento expressivo.

> A ação se desenvolve através de uma elaborada trama de intriga. Mamayev envia seu sobrinho Glumov, para tomar conta de sua mulher. Glumov toma liberdades além das instruções do tio e a tia leva a corte a sério. Ao mesmo tempo, Glumov começa a negociar um casamento com a sobrinha de Mamayev, Turussina, mas esconde essas intenções da tia, Mamayeva. Cortejando a tia, Glumov engana o tio; bajulando o tio, Glumov combina com ele enganar a tia.
> Glumov, num plano cômico, ecoa as situações, as paixões arrebatadoras, o frenesi das finanças vivido por seu protótipo francês, Rastignac, de Balzac. A figura de Rastignac, na Rússia, ainda estava no berço. Ganhar dinheiro ainda era uma espécie de jogo infantil entre tios e sobrinhos, tias e seus cortejadores. Permanece na família, e permanece trivial. Daí a comédia. Mas a intriga e as confusões já estão presentes, atuando em duas frentes ao mesmo tempo – em mão dupla – com personalidades duplas... e mostramos tudo isto com uma montagem que intercala duas cenas diferentes (de Mamayev dando suas instruções e Glumov colocando-as em execução). *As surpreendentes interseções dos dois diálogos explicam os personagens e a peça, aceleram o ritmo e multiplicam as possibilidades cômicas.*

---

155. I. Xavier, Eisenstein: a construção do pensamento por imagens, em A. Novaes (org.), op. cit., p. 363.

Para a produção de *O Sábio*, o cenário foi montado como uma arena de circo, limitada por uma grade vermelha, e cercada em três quartos pela platéia. Na outra quarta parte havia uma cortina listrada, e à frente dela uma pequena plataforma elevada, com a altura de vários degraus. A cena com Mamayev (Shtrauch) se passava no cenário inferior, enquanto os fragmentos com Mamayeva (Yanikova) ocorriam na plataforma. *Em vez de mudança de cenas, Glumov (Yezikanov) corria de uma cena para a outra – pegando um fragmento de diálogo de uma cena, interrompendo-o com um fragmento da outra cena –, com o diálogo assim colidindo, criando novos significados e algumas vezes jogos de palavras. Os saltos de Glumov agiam como* caesure *entre os fragmentos do diálogo.*

E o "corte" acelera o ritmo. O mais interessante era que a extrema agudeza da excentricidade não era retirada do contexto desta parte da peça; nunca se tornou cômica apenas pela comédia, mas atinha-se ao tema, *intensificada pela expressão cênica*[156].

Como Eisenstein aponta, o *corte*, a *interrupção*, a *colisão*, a *fragmentação* e a *interseção* dos dois diálogos teriam intensificado a "extrema agudeza da excentricidade" da peça. O procedimento de montagem teria acelerado o ritmo do espetáculo, multiplicado as possibilidades cômicas, criado novos significados e alguns jogos de palavras. Para Eisenstein, montagem é sinônimo de ritmo, de movimento. E essa dinâmica do espetáculo tem seu fundamento no conflito, no choque entre cenas, entre fragmentos de diálogos, entre cenário inferior e plataforma (o baixo e o alto) etc. O interessante é que a corrida de Glumov de uma cena para a outra, para cima e para baixo, materializa nesse movimento físico conflitante o próprio processo de construção teatral de corte e de valorização do ritmo do espetáculo. Está aí manifesto nessa corrida o encontro da segunda lei do movimento expressivo com o procedimento da montagem. A *expressividade* – e isto quer dizer também em Eisenstein: a *atratividade* –, da peça, nesse caso, é potencializada pela montagem, já que é a montagem que produz a dinâmica, o *movimento* (*expressivo atrativo*), fundado no choque e no conflito.

Tem-se, então, na teoria teatral de Eisenstein, a tríade fundamental *movimento expressivo-montagem-atração*. Essas três concepções, a meu ver, não podem ser entendidas de maneira separada e, ao redor, junto e/ou dentro delas, figura uma série de outros aspectos conceituais desenvolvidos por Eisenstein ao longo de sua carreira, como: *obra orgânica*, *síntese*, *tipagem*, *conflito*, *fragmento*, *pathos*, *êxtase*.

No início desse terceiro capítulo, parti da imagem do "campo de morte de Dvinsk" para tratar da teoria teatral de Eisenstein. Finalizo essa etapa do trabalho também com uma imagem, de certa forma mais trivial, mas que exemplifica bem a importância da tal tríade na reflexão eisensteiniana. Em uma foto, provavelmente do ano de 1936, Eisenstein se encontra em cima de um carro alegórico da Parada de

---

156. S. M. Eisenstein, *A Forma do Filme*, p. 19-20, grifos meus.

Maio entre três livros gigantescos, celebrando o progresso do seu livro *Realização*[157]. No livro, à esquerda da foto, estão escritos *Pathos* e *Êxtase* – conceitos relacionados ao desenvolvimento posterior da sua teoria da *atração*. No livro, à direita, vem escrito *Dramaturgia da Forma do Filme* – em um texto de mesmo título, Eisenstein tenta dar uma base dialética à teoria do conflito na montagem. E no livro central é dedicado espaço para *Movimento Expressivo*.

---

157. J. Leyda; Z. Voynow, *Eisenstein at Work*, p. 110.

4. Os Dois Crânios de Alexandre o Grande*

TEATRO E CINEMA

Os progressos técnicos e científicos conquistados no último quartel do século XIX proporcionam não só uma verdadeira revolução no teatro (recurso à luz elétrica, mecanização do palco etc.), mas também a invenção de um aparato que reproduz a ilusão da imagem em movimento, o cinema. Nesse período, a figura do encenador teatral, tal como concebida desde a virada do século XIX para o século XX, se afirma respondendo pelo sentido global da obra, exercitando uma reflexão teórica sobre a prática teatral, e apropriando-se das invenções técnicas – mecânicas, elétricas, cinematográficas – na construção da imagem cênica. Ao longo de todo o século XX e até os dias de hoje, com o surgimento de novas formas e modos de produção de imagens, por meio do vídeo e do computador, por exemplo, noções básicas do que vem a ser um espetáculo teatral são desafiadas, questionadas e ampliadas[1]. Béatrice Picon-Vallin lembra que, antes do surgimento

---

* "Os Dois Crânios de Alexandre o Grande" é o título de um texto de Eisenstein, escrito em 1926 e publicado no primeiro tomo de suas obras completas na tradução francesa. Neste texto, Eisenstein faz uma comparação entre teatro e cinema – os "dois crânios de Alexandre o Grande" (sendo o cinema representado pelo crânio de Alexandre aos quinze anos de idade, e o teatro, pelo crânio de Alexandre aos quarenta e cinco anos) –, afirmando ser o cinema a "etapa atual do teatro. A fase imediatamente consecutiva". S. M. Eisenstein, *Au-delà des étoiles*, p. 170.

1. É Béatrice Picon-Vallin quem escreve: "Pois se o princípio estrutural do teatro é a relação múltipla, a troca entre seres humanos reunidos, quando a tecnologia

das imagens de origem química, já existia uma longa história da projeção de imagens na cena, vide as lanternas mágicas no século XVII, o Fantascope[2] de Robertson, o Pepperghost[3] de John Henry Pepper e todos os "espetáculos elétricos" do século XIX. "Mesmo o teatro dos Jesuítas lidou com imagens projetadas, transportadas pela luz, e com técnicas do padre Kircher para impressionar seus espectadores"[4].

Os anos de 1920 e 1930 contam notadamente com muitas experiências e reflexões teóricas de encenadores sobre o advento da nova tecnologia cinematográfica e sua relação com a cena teatral, dentre eles os encenadores alemães Bertolt Brecht e Erwin Piscator, e o encenador russo Meierhold. Quanto a este último, desde 1923, em *A Terra em Alvoroço*, projeta imagens em vários de seus espetáculos. Nessa montagem, sobre uma tela suspensa apareciam, em *slides*, os títulos dos episódios e lemas revolucionários. Em *D.E.* (Dê-nos a Europa), de 1924, havia a projeção de mapas, seqüências de documentários e notícias, em duas telas laterais, enquanto uma tela central apresentava o título dos episódios, as características das personagens, como também *slogans* e frases dos líderes do proletariado. Nos anos de 1930, Meierhold segue utilizando projeções de filmes, documentários e animações, às vezes especialmente realizados para o teatro[5].

As relações entre teatro e cinema não se restringem à inserção de projeções luminosas, fotográficas e cinematográficas em cena, mas também à elaboração de espetáculos a partir de procedimentos considerados cinematográficos, como a montagem e o primeiro plano. Em 1924, Meierhold chegou a fragmentar os cinco atos da peça de Ostróvski, *A Floresta*, em 33 episódios separados e embaralhados (seu espetáculo começava pela segunda cena do segundo ato, depois disso o primeiro e o segundo atos desenrolavam-se alternadamente) com o intuito de adaptar o teatro à sintaxe do cinema (kinofikátzia tieatra). Segundo Ripellino, Meierhold estaria convencido de que "o

---

das imagens, simples ou sofisticada, permite transformar, modificar essa relação, sem anestesiá-la, mas a tornando mais consciente e/ou mais sensível, ela toca no próprio coração do teatro e, por isso, deve ser interrogada". B. Picon-Vallin, Hybridation Spatiale, Registres de Présence, em www.ciberkiosk.pt/espetaculos/beatrice.html.

2. O belga Étienne-Gaspard Robert (1763-1837), apelidado Robertson, fazia projeções de imagens fantasmagóricas para assustar e divertir o público da sua época. O seu fantascope, ou phantascope, era uma espécie de lanterna mágica sobre rodas. Movendo o projetor para frente ou para trás, Robertson conseguia alterar rapidamente o tamanho das imagens na tela, sem prejudicar o foco delas.

3. John Henry Pepper (1821-1900) era professor de química no Instituto Politécnico de Londres. Em 1863, criou uma lanterna mágica mais aperfeiçoada para projetar fantasmas com base no trabalho do engenheiro Henry Dircks. *Haunted Mansion* (A Casa Mal-Assombrada), famosa atração do Walt Disney World, é provavelmente o espetáculo que mais se utiliza desse efeito conhecido como Pepperghost.

4. B. Picon-Vallin, op. cit.

5. Idem, ibidem.

público, acostumado com os acontecimentos fulminantes da guerra civil, não teria gostado da habitual subdivisão em atos longos"[6]. A forma fragmentada do espetáculo e o recurso à montagem estariam, assim, mais de acordo com a sensibilidade do espectador da época.

Quanto ao primeiro plano cinematográfico, Meierhold empreende pesquisas nesse sentido e, segundo Picon-Vallin, em *O Inspetor Geral* (1926), em certo momento, por exemplo, toda a movimentação no palco é paralisada para direcionar a atenção do público para um pequeno gesto isolado: "o deslocamento do dedinho da mulher do Governador que o impostor Khlestakov segura por duas vezes com sua colher de chá para lhe fazer a corte"[7]. Segundo a citada autora, os críticos da época teriam considerado, unanimemente, esse exemplo como o equivalente a um primeiro plano de cinema. Nessa mesma peça, conforme Ripellino, a própria movimentação dos atores era inspirada nas comédias de Keaton, de Chaplin e de James Cruze (que era um dos diretores de cinema prediletos de Meierhold)[8].

Não muito diferente de outros diretores, como Brecht e Artaud, para citar alguns nomes, Meierhold também teve a sua experiência propriamente cinematográfica: realizou, em 1915, *O Retrato de Dorian Gray*, no qual também desempenhou o papel de Lorde Henry, e, em 1916, *O Homem Forte* (ambos os filmes foram perdidos). Entretanto, Meierhold não acompanhou o êxodo de artistas de teatro que abandonaram os palcos de Moscou e Petrogrado, especialmente em 1924 e 1925, para a florescente indústria cinematográfica soviética.

Eisenstein, o aluno venerado de Meierhold[9], em suas experiências teatrais também estava atento ao advento do cinema como nova arte, nova tecnologia e como um novo paradigma artístico para se pensar o teatro. Já em 1922, antes mesmo dos textos concernentes ao teatro – "Movimento Expressivo" e "Montagem de Atrações" –, Eisenstein e Iutkévitch escrevem um artigo, preocupados com o sincronismo do som no cinema e com as tentações do ilusionismo para a nova arte ("A Oitava Arte. Sobre Expressionismo, América e, é claro, Chaplin"). O movimento de Eisenstein em direção ao cinema corresponde bem à sua atitude, ao longo de toda a sua carreira artística, em relação às novas tecnologias. É Albera quem escreve: "Eisenstein – como no momento do surgimento do som, depois da cor – se apodera de um aperfeiçoamento técnico como de um novo modo de escritura"[10].

---

6. A. M. Ripellino, *Maiakóvski e o Teatro de Vanguarda*, p. 132.
7. B. Picon-Vallin, op. cit.
8. A. M. Ripellino, op. cit., p. 138.
9. "Eu tenho orgulho do aluno que virou um mestre. Eu amo o mestre que já fundou sua própria escola. A este aluno, a este mestre, a S. Eisenstein, minha veneração". Dedicatória de Meierhold a Eisenstein apud L. Kozlov, De l'Hypothèse d'une dédicace secrète, *Cahiers du cinéma*, p. 58.
10. F. Albera, em S. M. Eisenstein, *Le Mouvement de l'art*, p. 262 (notas).

Em *O Sábio* (1923), Eisenstein contou com a exibição do curta-metragem *O Diário de Glumov*, como mais uma das *atrações* do seu espetáculo. A partir da descrição das 25 atrações que compunham o epílogo de *O Sábio*, percebe-se que esse filme era dividido em duas partes, inseridas em momentos diferentes do espetáculo. A primeira inserção é a que me interessa no momento[11]. Ela acontece durante a primeira atração desse epílogo. Esta atração traz Glumov falando sobre o roubo do seu diário íntimo, seguindo-se então a exibição de um filme que, parodiando os filmes policiais americanos, mostra um homem de máscara negra, Golutvin, roubando o tal diário. Este, depois de escalar a torre de uma *villa* e de saltar de um aeroplano para dentro de um carro em movimento, chega às portas do teatro do Proletkult e, surpresa, o filme desaparece imediatamente da tela e Golutvin irrompe em "carne-e-osso" em meio ao público do teatro, tendo nas mãos um pequeno rolo de película que se configura como o próprio diário roubado.

Esse jogo entre tela e cena é muito interessante, pois com ele Eisenstein amplia o poder da montagem em seu espetáculo ao tentar articular o jogo do ator em cena com o duplo dele projetado na tela, e ao confrontar espaço/tempo cinematográfico e espaço/tempo teatral, para ficar apenas nesses dois pontos. No filme, ao invés de criar um cenário especial para a ação do personagem Golutvin, Eisenstein, muito pelo contrário, leva-o para as ruas da cidade de Moscou. E nem por isso diminui as excentricidades do personagem. No espetáculo *O Sábio*, se em cena é escalado o "mastro da morte", na tela é escalada a torre de uma *villa* de um milionário bastante conhecido na cidade e se salta de um aeroplano para dentro de um carro em movimento. Nesse sentido, o filme abre para a encenação novas possibilidades espaciais e temporais, potencializando assim as estripulias de Golutvin.

Essa passagem do personagem da esfera do aqui-e-agora teatral para a esfera da imagem cinematográfica acarreta, por sua vez, uma "interação enigmática", para usar a expressão de Picon-Vallin, entre o corpo de carne-e-osso do ator e o seu duplo projetado na tela. Este é visto sob novos ângulos, novas cores (preto-e-branco) e diferentes tamanhos (de acordo com os planos cinematográficos). Nessa interação entre ator e duplo projetado, requer-se daquele uma precisão de régua

---

11. Na décima atração, tem-se projetada a segunda parte do filme. Nesta atração, o ladrão mascarado entra em cena e o diário de Glumov (em forma de curta-metragem) é projetado na tela, mostrando a duplicidade do herói, representada por suas sucessivas metamorfoses em diferentes personagens, de acordo com o seu relacionamento com seus protetores poderosos. Acho que ainda existe uma terceira inserção cinematográfica, bem ao final do espetáculo, quando o ator Grigóri Alexandrov (Golutvin) e o próprio Eisenstein surgem projetados na tela de cinema, agradecendo aos aplausos do público. Digo isto, pois vi um trecho desse filme no documentário *Die Verschiedenen Gesichter des Sergej Eisenstein*, dirigido por Oksana Bulgakowa e Dietmar Hochmuth, como também vi fotos desse momento do filme no livro de Marie Seton.

e cronômetro para que surja em meio ao público no exato momento em que seu duplo desaparece na tela. Não sei se Alexandrov, no papel de Golutvin, conseguiu ser bem-sucedido nessa tarefa, mas pela descrição que faz Eisenstein dessa atração, era esse o intuito.

O curioso é que o cinema não entra na encenação de *O Sábio* apenas em sua forma projetada na tela ou como referência estética para a montagem de atrações do espetáculo, ele marca presença também em sua forma industrializada: como um rolo de película. Este rolo de filme é uma das peças-chave do espetáculo, pois se constitui no próprio diário de Glumov, no qual estão escritos seus segredos íntimos. Por outro lado, o grande lance final da atração é Golutvin "saindo" de dentro de um filme, carregando um outro filme nas mãos!

Infelizmente, Eisenstein não dedicou um maior comentário a essa inserção cinematográfica em *O Sábio*. Sempre tão preocupado com a sua passagem "do teatro ao cinema", acabou não se detendo nessas possibilidades de articulação entre teatro e cinema que continuam sendo importantes para a cena contemporânea. Nesse sentido, pode-se dizer que Eisenstein não se apoderou do cinema como uma tecnologia aliada ao teatro. Em suas encenações posteriores, pelo que tenho conhecimento, ele não insistiu no uso de projeções, deixando, assim, de intensificar as potencialidades abertas por sua experiência em *O Sábio*. Por outro lado, são vários os exemplos, que o próprio Eisenstein aponta em suas encenações, ligados a uma maneira cinematográfica de armar um espetáculo. Até porque Eisenstein sempre enfatizou a sua predestinação ao cinema. Ele sustenta que, como resultado da tensão entre teatro e cinema, causada pela utilização de procedimentos cinematográficos em suas encenações, o cinema pareceu a "saída lógica para a ameaça de hipertrofia da *mise-en-scène*"[12].

É Eisenstein quem escreve:

> A *mise-en-scène* quase geometricamente convencional de *O Sábio* e sua conseqüência formal, *Moscou, está ouvindo?*, se torna um dos elementos básicos de expressão. A interseção de montagem eventualmente se tornou muito enfaticamente exata. A composição fez sobressair grupos, fez com que a atenção do espectador mudasse de um ponto para o outro, apresentou primeiros-planos, uma mão segurando uma carta, o jogo das sobrancelhas, um olhar. A técnica da genuína composição de *mise-en-scène* estava sendo dominada – e se aproximando de seus limites[13].

Vê-se, assim, que Eisenstein, em sua prática cênica, estava procurando uma precisão da obra artística que, segundo sua concepção, não era possível na arte teatral. Para Eisenstein, a precisão, como abordado anteriormente, está ligada à idéia de *expressividade* e *atratividade*. E seria por meio do procedimento da montagem que se alcançaria essa *precisão*. O cinema surgia então, para o encenador russo,

---

12. S. M. Eisenstein, *A Forma do Filme*, p. 23.
13. Idem, ibidem.

como a possibilidade de realização de uma obra mais expressiva por trabalhar de forma mais acurada a montagem e a *mise-en-scène*.

Eisenstein também justifica a sua escolha pelo cinema através da possibilidade de fusão orgânica ou síntese plástica dos elementos que compõem a obra, como se verá logo a seguir.

Da maneira como Eisenstein escreve sobre a sua passagem "do teatro ao cinema", deduz-se que essa se deu devido a uma evolução natural do seu trabalho de *collage* no teatro. Ele identifica em cada encenação sua a inclusão de *artifícios reais* e a montagem desses elementos. Para não fazer exatamente o mesmo percurso de Eisenstein e para não citar exemplos que já aparecem em outros momentos deste estudo, atenho-me apenas ao caso da sua última peça vinculada ao Proletkult, que seria, para ele, provavelmente o caso mais emblemático dos motivos da sua partida para o cinema. Em *Máscaras de Gás* (1924), Eisenstein afirma ter feito o caminho inverso do que havia realizado nas encenações anteriores: ao invés de inserir *artifícios reais*, concretos, atrações, tendo como pano de fundo um cenário, uma história, ele integrou "ao ambiente real de uma usina a gás os eventos imaginados, fictícios de uma peça tratando sobre a explosão de um gasômetro". Mesmo adotando os procedimentos de caracterização e de encenação mais voltados para a realidade da fábrica, Eisenstein sustenta que esse procedimento desmoronou por completo frente ao que se mostrou ser a maior atração da peça: a fábrica.

> As turbinas, o segundo plano da fábrica, negavam os últimos remanescentes da maquiagem e trajes teatrais, e todos os elementos pareciam fundidos independentemente. Os acessórios teatrais no meio da plástica real da fábrica pareciam ridículos. O elemento de "encenação" era incompatível com o cheiro acre do gás. O praticável insignificante ficou perdido entre as plataformas reais da atividade de trabalho. Em resumo, a produção foi um fracasso. E nós nos vimos no cinema[14].

Em *Máscaras de Gás* não seria possível o jogo da dupla leitura que costuma ocorrer numa *collage* quando vemos o fragmento inserido não apenas em relação à composição artística mas também em relação ao seu contexto original. A fábrica e suas turbinas se impuseram radicalmente não fazendo referência a nada além do seu próprio contexto, não se submetendo à função de cenário da peça nem ao enredo fictício. Eram tão mais fortes plasticamente que todo o resto se perdia, ficava infinitamente menor.

"Meu teatro alcançou o verdadeiro limite da teatralização"[15], diz Eisenstein. Para ele, a fusão dos elementos materiais e fictícios não acontecia de forma orgânica no teatro, ou não aconteceu neste espetáculo. A materialidade dos objetos e do lugar rompeu com a ficção

---

14. Idem, ibidem.
15. R. Taylor (org.), *S. M. Eisenstein:* selected works, v. 3, Writings, 1934-47, p. 10.

que se pretendeu apresentar. Como escreve Ismail Xavier a respeito da passagem de Eisenstein para o cinema:

A demanda pela fisicalidade e pela mobilização direta dos objetos encontra na nova arte um arranjo que ele considera mais ajustado entre ator e locações reais (a imagem impressa na película homogeneíza os elementos da *mise-en-scène* numa composição plástica única). No cinema, a montagem chega ao paroxismo de seus poderes, pois a imagem "captada" – já segundo ângulo, luz e escala calculados – é matéria-prima mais ajustada para o trabalho de transformação. Nestes termos, a passagem do teatro ao cinema é vista como sinal de progresso[16].

Para Eisenstein, o cinema resolveria as contradições colocadas tanto pelo teatro naturalista quanto pelo teatro convencional – representados respectivamente pelas figuras de Stanislávski e Meierhold. Ora, ao tentar ser uma cópia fiel da realidade, o primeiro tipo de teatro acabava esbarrando na realidade do palco, enfatizando a "farsa" teatral[17]. E o segundo, ativando a imaginação do espectador por meio de signos e abstrações, defrontava-se com todo o peso e a materialidade do corpo do ator. Essas contradições, aliás, eram apontadas por poetas e intelectuais do final do século XIX como motivos importantes para se encomendar prontamente o enterro do teatro como arte. Parecia então que o único teatro possível seria aquele representado no palco da imaginação.

Eisenstein vê no cinema, como aponta Albera, a síntese necessária do teatro naturalista de Stanislávski e do teatro da convenção de Meierhold. Albera observa que Eisenstein, em *Realização*, refere-se ao teatro naturalista como teatro de *petits magasins*, e ao teatro da teatralidade como teatro da Bolsa (de valores abstratos)[18]. Eisenstein contrapõe aqui, ao que me parece, a realidade "fabricada" e um tanto banal do teatro naturalista stanislavskiano à vontade de abstração do teatro da teatralidade de Meierhold, que perderia provavelmente, para Eisenstein, a ligação com a realidade concreta e assim sua *expressividade*, sua *atratividade*, sua *eficácia*.

Em Eisenstein, tanto no teatro como no cinema, há a reivindicação de uma arte realista concreta, mas, ao mesmo tempo, também o recurso à generalização, à abstração. Como foi visto no capítulo anterior, quanto à teoria teatral eisensteiniana, é a partir da montagem de

---

16. I. Xavier, Eisenstein: a construção do pensamento por imagens, em A. Novaes (org.), *Artepensamento*, p. 361.
17. Sobre um espetáculo improvisado ao ar livre, Stanislávski escreveu: "Chegou a minha vez de entrar em cena: eu e Knípper, seguindo o esquema da peça, saímos caminhando por uma alameda longa, falando as nossas réplicas, depois nos sentamos em um banco de acordo com a nossa *mise-en-scène* habitual, começamos a falar e... paramos, uma vez que não tínhamos condições de continuar. A minha interpretação num clima de natureza viva me parecia uma farsa. E ainda dizem que nós levamos a simplicidade ao naturalismo! Como se revelou convencional o que estávamos habituados a fazer em cena". K. Stanislávski, *Minha Vida na Arte*, p. 329.
18. F. Albera, em S. M. Eisenstein, *Le Mouvement de l'art*, p. 268 (nota).

aspectos concretos do espetáculo teatral (atrações e movimento expressivo do ator) que se estabelece o significado da obra. Parte-se do concreto para o conceitual. Parte-se da organicidade do movimento do ator e do sentido de realidade imediata do espetáculo para o efeito emocional e psicológico no espectador. Entretanto, vale ressaltar, o sentido de organicidade e de realismo para Eisenstein está fundado no conflito, na relação entre opostos.

O cinema seria para Eisenstein um "teatro sintético". As notas tomadas por Seton de algumas aulas ministradas por ele, em 1934, e o artigo de Eisenstein, "Do Cinema em Relevo" (escrito entre 1946 e 1948), mostram essas suas idéias com bastante clareza. O cinema como uma fusão "do Elemento da ficção com o Elemento da realidade transformado pela vontade criadora do artista"[19].

Diante do exposto, percebe-se que Eisenstein vê o cinema como um novo lugar para velhas questões estéticas, no sentido de que o cineasta russo ainda estava preocupado com a síntese plástica, com uma visão total e ideal da obra de arte. O que, de certa forma, pode ser visto como uma limitação do seu pensamento, tendo em vista a radicalidade de alguns artistas do século XX e dos dias atuais, cujas obras rompem inteiramente com essas noções de síntese e totalidade.

Para os artistas de vanguarda, o cinema se torna símbolo de modernidade, pois, gerado pela ciência e pela indústria, surge como instrumento ideal para expressar a sensibilidade da época, extremamente modificada diante das novas condições de vida nas cidades. Além do que, os seus poucos anos de idade, libertavam-no de qualquer amarra ou relação com o passado, estando totalmente voltado para o futuro[20]. Nos primeiros tempos da ficção cinematográfica, o modelo de imagem cênica e de percepção de um espetáculo teatral acabou também se refletindo nas primeiras produções cinematográficas (a imobilidade e unidade de ponto de vista da câmera, a justificativa do corte pela mudança de cena)[21]. Mas nesse movimento de afirmação do cinema como arte, nada pior para os primeiros teóricos do cinema do que o confundirem com uma espécie de teatro filmado.

Eisenstein considerava o cinema a mais importante das artes, pois seria, em muitos aspectos, superior às outras artes existentes, e, além de tudo, era filha do socialismo. "Estou convencido de que o cinema é o *nível* de hoje do teatro. De que o teatro em sua forma mais antiga morreu e continua a existir apenas por inércia" – escreve Eisenstein em 1928[22]. Dois anos antes, já havia equiparado a arte teatral a um arado, e o cinema a um trator[23].

19. S. M. Eisenstein, *Le Mouvement de l'art*, p. 148.
20. I. Xavier, *Sétima Arte*, p. 33.
21. Idem, *O Discurso Cinematográfico*, p. 20.
22. S. M. Eisenstein, *A Forma do Filme*, p. 33 (nota).
23. Idem, *Au-delà des étoiles* , p. 173.

Essa postura de Eisenstein no que diz respeito também à sua transição "do teatro ao cinema" é exagerada. Mesmo atestando inicialmente um forte repúdio ao teatro, basta uma leitura atenta dos seus textos mais importantes sobre teoria cinematográfica para perceber que sua teoria teatral e a experiência desenvolvida nesse âmbito sempre funcionaram de esteio para a sua reflexão e prática no cinema.

Não pretendo fazer aqui uma análise detalhada dessas relações entre teatro e cinema na obra prática e teórica de Eisenstein enquanto cineasta. Sua teoria cinematográfica é bastante vasta e complexa, ficando para uma próxima oportunidade o aprofundamento dessas relações. Entretanto, no próximo tópico, aponto, ainda que de maneira introdutória, os desdobramentos no cinema dos conceitos desenvolvidos por Eisenstein no âmbito do teatro – *movimento expressivo*, *montagem*, *atração* –, mostrando essa estreita relação entre a sua maneira de pensar o cinema e a sua maneira de pensar o teatro.

DO HOMEM EXPRESSIVO À EXPRESSIVIDADE DA OBRA CINEMATOGRÁFICA*

Tanto no teatro como posteriormente no cinema, a teoria do movimento expressivo será central na reflexão eisensteiniana. Apesar da relevância dessa teoria para Eisenstein, ela ganha menor destaque para a crítica e os estudiosos em geral. O "encobrimento" dessa sua teoria se deve a vários motivos. Primeiramente, o texto "Movimento Expressivo", escrito em 1923 por Eisenstein e Tretiakóv, não fará parte da publicação em russo da obra selecionada de Eisenstein, dificultando assim não apenas o acesso a esse texto, mas também o próprio conhecimento da sua existência. Em segundo lugar, nos textos de Eisenstein, aos quais tive acesso, só há referências explícitas à sua teoria do movimento expressivo no âmbito do cinema em poucos textos, tais como: "A Montagem de Atrações no Cinema", "Programa de Ensino da Teoria e da Técnica da Realização", "Conferência sobre Biomecânica, Março 29, 1935" e na introdução e complementos ao texto "Stuttgart". De qualquer forma, esses textos provam por si só o papel fundamental dessa teoria para a reflexão eisensteiniana sobre a arte cinematográfica. Por fim, os projetos grandiosos que ocuparam Eisenstein nos anos de 1930-40 (*Realização*, *Método* e *A Natureza Não-Indiferente*) permaneceram inacabados e algumas partes do que existe deles permanece ainda inédito (mesmo em russo), havendo, assim, uma certa dificuldade

---

* Título de uma das proposições gerais previstas no "Programa de Ensino da Teoria e da Técnica da Realização", em relação ao terceiro ano do curso. S. M. Eisenstein, Programme d'enseignement de la theorie et de la technique de la réalisation : de la méthode d'enseigner la réalisation, em S. M. Eisenstein; V. Nijny, *Mettre en scène*, p. 298.

para uma análise mais sistemática das suas reflexões sobre o movimento expressivo. Segundo Naum Kleiman, Eisenstein planejava escrever um grande trabalho sobre o tema[24].

O "Programa de Ensino da Teoria e da Técnica da Realização", iniciado em 1928 e publicado em 1933, no qual Eisenstein esquematiza as matérias a serem estudadas nos quatro anos do curso de Realização do Instituto de Estudos Cinematográficos, exemplifica bem como a sua teoria do movimento expressivo é importante para a sua teoria e prática cinematográficas. Esse programa dá a pista de como Eisenstein pensa o cinema e seus conceitos principais. Neste momento, em 1933, ele já havia dirigido a maioria de seus filmes e estava cada vez mais voltado para a atividade teórica e a docência. Vale destacar que todo o segundo ano do curso é dedicado ao estudo da questão da manifestação expressiva e do movimento expressivo, propriamente dito. Apontaria dois motivos especiais para essa relevância.

O primeiro motivo já foi, de certa forma, comentado no capítulo anterior. Para Eisenstein, a aprendizagem dos princípios do movimento expressivo, assim como os da biomecânica, passaria necessariamente pelo corpo e não apenas pela teoria. E o conhecimento dessas leis serviria tanto para o ator como para o diretor. Os dois, cientes das leis do movimento expressivo, seriam capazes de "analisar movimentos, compreendê-los, e de criar movimentos"[25]. No ensaio "Palavra e Imagem", escrito entre 1937 e 1938 e re-escrito em 1941, Eisenstein afirma que as técnicas do ator e do diretor são indistinguíveis no que diz respeito às técnicas que os capacitam a conquistar a imaginação do espectador[26]. Vale ressaltar que no quarto e último ano de formação do Instituto, segundo o programa de Eisenstein, os alunos deveriam se dedicar exclusivamente aos seus projetos e formatá-los de maneira precisa, sendo necessário, no caso de projeto de filme de ficção, que os próprios alunos fossem capazes de demonstrar como se comportariam os personagens concebidos por eles.

O segundo motivo da importância do movimento expressivo seria a percepção do filme, segundo Eisenstein, como uma etapa mais evoluída do teatro, isto é, como um desenvolvimento mais complexo dos mesmos elementos e das mesmas leis do espetáculo teatral. Para Eisenstein, o cinema teria elementos do teatro numa "nova qualidade"[27]. É o cineasta russo quem escreve: "Teatro e cinema. A manifestação expressiva no movimento e a manifestação objetivada em uma obra. A *mise en scène*

24. A. Law; M. Gordon, *Meyerhold, Eisenstein and Biomechanics*, p. 86.
25. S. M. Eisenstein, Lecture on Biomechanics, March 29, 1935, em A. Law; M. Gordon, op. cit., p. 212.
26. S. M. Eisenstein, *O Sentido do Filme*, p. 29.
27. S. M. Eisenstein, Programme d'enseignement de la theorie et de la technique de la réalisation: de la méthode d'enseigner la réalisation, em S. M. Eisenstein; V. Nijny, *Mettre en scène*, p. 262-263.

e a mímica repetindo suas correlações em um estágio superior sob os tipos de associação da montagem e do plano etc."[28].

Na citação acima, Eisenstein faz ao mesmo tempo uma aproximação e uma diferenciação entre teatro e cinema a partir da sua concepção do movimento expressivo. Ele observa em seu programa de ensino que a manifestação expressiva de uma obra artística pode ser estudada sob dois aspectos: 1. a manifestação expressiva inseparável do seu autor; 2. a manifestação expressiva capaz de existir por si só, fora de seu autor[29]. No primeiro caso, Eisenstein se refere ao jogo do ator ("a manifestação expressiva no movimento"). No segundo caso, à pintura, à escultura, à literatura, ao cinema ("a manifestação objetivada em uma obra").

O interessante é que, como para Eisenstein o teatro seria o estágio precedente do cinema, ele associa a relação entre a *mise-en-scène* e a mímica do ator à relação existente entre a montagem e o plano cinematográfico. Deduz-se que, para Eisenstein, a *mise-en-scène* seria uma montagem de movimentos e a montagem cinematográfica, uma montagem de planos. Nesse sentido, era importante para Eisenstein que seus alunos-realizadores dominassem as leis do movimento expressivo não apenas para o trabalho com os atores de seus futuros filmes, mas notadamente para a própria concepção da obra cinematográfica como um todo, para a articulação de seus elementos constituintes. Como já foi visto, a primeira lei do movimento expressivo diz respeito à organicidade e unidade do sistema expressivo. E a segunda lei, ao entendimento do movimento expressivo como um movimento-conflito, como "unidade de oposições". Segundo o programa de Eisenstein, é somente no terceiro ano de curso do Instituto de Estudos Cinematográficos que os alunos estudam os "elementos especiais da obra cinematográfica": o plano, a montagem e o som[30]. Isto é, a compreensão desses elementos e da própria construção da imagem cinematográfica tem por esteio a sua teoria do movimento expressivo.

Como observa Bulgakowa, a concepção de montagem desenvolvida por Eisenstein no curso dos anos de 1920 apresenta todos os indícios da primeira hipótese dele sobre o funcionamento da arte como processo antagônico, bipolar, conflituoso, processo este presente na sua teoria do movimento expressivo[31]. "A montagem", escreve Eisenstein, "não é um pensamento composto de partes que se sucedem, e sim um pensamento que *nasce* do choque de duas partes, uma independente da outra"[32].

28. Idem, p. 262.
29. Idem, p. 290.
30. Idem, p. 299-302.
31. O. Bulgakowa, La Conférence berlinoise d'Eisenstein: entre la psychanalyse et la gestalt-psychologie, em D. Chateau; F. Jost; M. Lefebvre (orgs.), *Eisenstein*, p. 178.
32. S. M. Eisenstein, Stuttgart, em F. Albera, *Eisenstein e o Construtivismo Russo*, p. 85.

Para Eisenstein, a montagem é um procedimento essencial para o cinema, que ele chama de "arte das confrontações"[33]. É a montagem que vai potencializar o conflito entre duas imagens, entre os elementos que compõem cada imagem, é ela que vai enfatizar o significado da obra, que vai direcionar a atenção do espectador, intensificando desse modo a impressão causada nele, o poder de influência do cinema, a expressividade da obra.

Depois da filmagem de *A Greve*, seu primeiro longa-metragem, Eisenstein escreve, em outubro de 1924, o artigo "A Montagem de Atrações no Cinema"[34], no qual não deixa de fazer referência à sua teoria do movimento expressivo. Nesse artigo, Eisenstein defende os filmes com atores, pois esses filmes teriam um poder de influência fortíssimo sobre os espectadores[35]. Quanto ao modelo de atuação dos atores, Eisenstein persiste com a idéia de que

> como a percepção emocional é obtida pela reprodução motora dos movimentos do personagem por aquele que os percebe, somente um movimento que se desenvolva com os mesmos procedimentos que aqueles empregados normalmente na natureza pode provocar tal reprodução[36].

Daí a necessidade, para ele, da organicidade do movimento. Porque o espectador deve poder reproduzir os movimentos (esta seria a percepção emocional). Entretanto, nesse mesmo artigo, fundamental para a compreensão da passagem de Eisenstein "do teatro ao cinema", já se tem a prova de que a sua concepção do movimento expressivo vale não apenas para a atuação do ator mas também para a concepção da obra cinematográfica. Eisenstein conclui:

> A abordagem da *atração* para a construção de todos os elementos, do filme como um todo ao mais insignificante movimento do ator, não afirma gosto pessoal ou a procura por um estilo acabado para o cinema Soviético; antes ela afirma um método para o tratamento da montagem, para a influência apropriada para nossa classe, e para a realização clara de objetivos utilitários ao cinema da República Soviética[37].

Vê-se que, para Eisenstein, a sua concepção do *movimento expressivo atrativo* do ator deve ser também aplicada ao método da montagem cinematográfica e ao filme como um todo.

No texto "Stuttgart", como aponta Albera, Eisenstein enfatiza o ser-maquínico do cinema, ou seja, o cinema como mecanismo produtor

---

33. S. M. Eisenstein, *Au-delà des étoiles*, p. 129.
34. A versão publicada na tradução francesa das obras completas de Eisenstein consiste apenas na primeira parte do texto. Uma outra versão para esse texto consta no livro *Eisenstein at Work*. Utilizo as duas versões.
35. S. M. Eisenstein, *Au-delà des étoiles*, p. 135.
36. Idem, p. 142.
37. S. M. Eisenstein, The Montage of Film Attractions, em J. Leyda; Z. Voynow, *Eisenstein at Work*, p. 20.

de um efeito – o movimento. Eisenstein escreve o seguinte sobre o movimento no cinema:

> Duas imobilidades justapostas engendram um conceito de mobilidade. Será que é isso? Fraseológica e figurativamente, sim. Mas mecanicamente não é assim que acontece. Pois, de fato, cada elemento sucessivo não está disposto ao *lado* do outro, mas *por cima* do outro.
>
> *Pois*: o conceito (sentimento) de movimento nasce no processo de superposição da impressão conservada da primeira posição do objeto à sua nova posição, que se faz visível.
>
> Do mesmo modo, por outro lado, nasce também o fenômeno da profundidade espacial como superposição óptica de duas superfícies, no caso da estereoscopia[38].

Eisenstein pensa o conceito de movimento no cinema como resultado da superposição de "duas imobilidades", superposição que depende da memória do espectador da primeira posição do objeto. Ele não se utiliza de nenhum termo técnico, como fotograma, para definir esse movimento. A concepção eisensteiniana de movimento cinematográfico traz, portanto, em seu cerne, a noção de imobilidade. No capítulo anterior, foi visto que a expressividade do movimento do ator, para Eisenstein, também está ligada à noção de imobilidade presente, por exemplo, no *rakurs*. Há então uma correspondência entre o movimento do corpo do ator e o movimento mecânico produzido pelo aparato cinematográfico.

Nessa perspectiva, a passagem de Eisenstein "do teatro ao cinema", no que diz respeito sobretudo à sua teoria, deu-se como uma possibilidade de desenvolvimento das reflexões que o cineasta russo já vinha fazendo no âmbito do teatro. Retomando a sugestão de Kozlov[39] de que, no filme *Ivan o Terrível*, Eisenstein teria feito o teatro de Meierhold aceitar as "leis do cinematógrafo", pode-se pensar que essas "leis", na verdade, já estavam desde o início, de certa forma, senão submetidas, pelo menos estreitamente relacionadas ao teatro de Eisenstein. Não desejo com essa afirmação simplificar a teoria cinematográfica de Eisenstein, que tem várias outras implicações e desdobramentos, desejo, acima de tudo, enfatizar esse vínculo forte que ela possui com a teoria desenvolvida por Eisenstein no âmbito do teatro.

O texto "Stuttgart" tinha grande importância teórica para Eisenstein. Tendo sido escrito em 1929, Eisenstein pretendia reuni-lo a outros ensaios que vinha produzindo para a publicação de um livro sobre as leis gerais da criação cinematográfica e artística. Foi nesse mesmo ano, no mês de outubro, que Eisenstein recebeu um convite para fazer uma

---

38. S. M. Eisenstein, Stuttgart, em F. Albera, op. cit., p. 85-86.
39. L. Kozlov, op. cit., p. 66.

conferência no Instituto psicanalítico de Berlim[40]. Ele escolheu como tema da sua intervenção o "movimento expressivo". Mais uma vez, em se tratando desse assunto, coisas tortuosas acontecem: os arquivos do Instituto, onde poderia haver comentários sobre a conferência de Eisenstein, desapareceram. O artigo que Bulgakowa escreve sobre a tal conferência não deixa claro, por sua vez, se Eisenstein escreveu um texto que seria apresentado ou se haveria uma transcrição daquilo que ele falou no Instituto... Bulgakowa se diz surpreendida pela escolha desse tema, pois durante a viagem de Eisenstein pela Europa e pelos Estados Unidos, ele preferiu tratar da montagem intelectual, das perspectivas do cinema, de seus últimos projetos como *O Capital*, do cinema russo vanguardista, enfim, dos temas que pretendia abordar no seu livro[41]. Entretanto, como se pode deduzir ao longo do artigo de Bulgakowa, a teoria eisensteiniana do movimento expressivo continuava muito relevante para ele. E o próprio texto "Stuttgart" demonstra isso. Nele, Eisenstein expressa seu entendimento do que seja a arte da seguinte forma:

> O limitum da forma orgânica
> (princípio passivo do ser-aí)   *É NATUREZA*
> O limitum da forma racional
> (princípio ativo da produção)   *É INDÚSTRIA*
>
> *E:*
>
> Na interseção da natureza
> E da indústria está   *A ARTE*
>
> 1. lógica da forma orgânica
>   contra
> 2. lógica da forma racional
> ao colidirem produzem a
> dialética da forma artística.
>
> *A interação das duas engendra e condiciona a dinâmica* [...]
>
> *O grau de afastamento condiciona a intensidade da tensão* [...]
>
> *A forma espacial dessa dinâmica é expressão.*
>
> *Suas fases de tensão – ritmo*

Isso vale para cada gênero artístico e em geral para cada gênero de exteriorização.
Assim, a expressão humana é conflito entre reflexo condicionado e não-condicionado.
(Sobre esse ponto não estou de acordo com Klages, que

---

40. Sobre essa conferência, ver o artigo de O. Bulgakowa, La conférence berlinoise d'Eisenstein: entre la psychanalyse et la gestalt-psychologie, em D. Chateau; F. Jost; M. Lefebvre (orgs.), op. cit., p. 171-183.
41. O. Bulgakowa, op. cit., p. 174-175.

1. não considera a expressão humana dinamicamente, como um processo, mas estaticamente, como uma resultante, e
2. atribui ao domínio da "alma" tudo o que é motor e, ao contrário, atribui à "ratio" somente o que é freio ["ratio" e "alma" da concepção idealista, em correspondência longínqua, aqui, com os conceitos de reflexo condicionado e não-condicionado].)
Isso vale também para todos os campos, na medida em que são concebidos como arte[42].

Como se pode ver, Eisenstein, de certa forma, amplia o seu entendimento da expressão humana como um processo conflitante entre o reflexo condicionado e o não-condicionado (segunda lei do movimento expressivo) para a concepção da obra de arte como um todo. Na produção do espetáculo, teatral ou cinematográfico, o que há é a luta da operação formativa do artista contra a inércia dos materiais, o conflito entre natureza e tecnologia, entre natureza e racionalidade. "Conflito", escreve Ismail Xavier,

que a matéria do cinema radicaliza porque a montagem encontra resistência ao manipular as imagens "captadas", a matéria-prima do filme. [...] Resta o desafio, e cabe ao cineasta criar métodos de justaposição que viabilizem os efeitos que deseja. Não surpreende que a vontade de sistema de Eisenstein se canalize, no período 1928-30, para a reflexão sobre os métodos de montagem, tendo no horizonte o acoplamento de imagens capaz de produzir conceitos[43].

Esse princípio de contradição tem a sua importância ampliada na reflexão eisensteiniana durante os anos de 1930, de tal forma que o *otkaz* – o movimento de recusa –, procedimento expressivo do movimento biomecânico, é considerado por Eisenstein como o "fenômeno *otkaz*". Segundo Eisenstein, na conferência "Sobre o Movimento de Recusa", "*qualquer tipo* de manifestação deve *sempre* e *inevitavelmente* seguir de acordo com a mesma lei de negação da negação", que ele vê representada nesse princípio do movimento biomecânico. Ou seja, para Eisenstein, o "fenômeno da *recusa*" estaria relacionado não apenas a manifestações físicas, mas também a processos mentais[44].

Desde "A Montagem de Atrações no Cinema", Eisenstein já adota a terminologia de Pavlov. Eisenstein considerava os termos utilizados por Rudolf Bode e Ludwig Klages[45] muito metafísicos – *Seele* (a alma), *Wille* (a vontade), *Geist* (o espírito) – optando assim por "reflexos condicionados", "reflexos incondicionados" e "inibição". E

42. S. M. Eisenstein, Stuttgart, em F. Albera, op. cit., p. 82-83.
43. I. Xavier, Eisenstein: a construção do pensamento por imagens, em A. Novaes (org.), op. cit., p. 365.
44. S. M. Eisenstein, On Recoil Movement, em A. Law; M. Gordon, op. cit., p. 196-197.
45. Ludwig Klages (1872-1956): psicólogo e filósofo alemão, autor do livro *Ausdrucksbewegung und Gestaltungskraft* (Movimento Expressivo e Força Criativa), de 1923.

é nesse mesmo artigo que Eisenstein reafirma, logo no início, o que se pode declarar serem as duas leis fundamentais da sua teoria da arte: 1. o material fundamental do teatro e do cinema é o espectador, e 2. essas duas artes têm a mesma orientação e finalidade, qual seja, "a *condução deste espectador no sentido desejado* através de toda uma série de pressões calculadas sobre o seu psiquismo"[46].

Conforme Aumont, essa idéia da eficácia da obra de arte, no pensamento de Eisenstein, teria uma dupla determinação: político-ideológica e psicológica. Quanto à finalidade político-ideológica da arte, como Aumont observa, Eisenstein sempre reafirmará a submissão de toda atividade artística a uma finalidade: a construção do socialismo. Entretanto, esse aspecto da eficiência como *agit-prop* seria esvaziado com o decorrer do tempo (nos textos de Eisenstein dos anos de 1930 e 1940, as expressões políticas ganham caráter meramente oficial), cedendo espaço para a finalidade extática da obra de arte[47]. Quanto à determinação psicológica, Aumont sustenta que esta seria bem mais específica a Eisenstein e derivaria da reflexologia. Para a reflexologia, todo comportamento humano pode ser considerado como a resposta, mais ou menos complexa, mais ou menos *condicionada*, a uma série de excitantes, de *stimuli*. Dessa forma, a tese essencial dessa teoria consistiria na possibilidade de se calcular os processos de resposta a estímulos e, por conseqüência, de se determinar os *stimuli* necessários para a obtenção da resposta desejada. Cito Aumont:

toda a reflexão eisensteiniana sobre o tema da "influência" (do que chamaríamos hoje de *eficiência*) toma por empréstimo os caminhos, as teses e a terminologia dos "reflexólogos", em particular as de Bekhterev. A manifestação mais visível desse empréstimo será sem dúvida a tradução constante, em seus textos dos anos vinte, de toda a problemática da eficiência em uma pura questão de *stimuli* (de "excitantes", como diz a palavra russa): quantos *stimuli*, quais *stimuli*, qual efeito tem tal *stimuli* etc. – eis as questões que Eisenstein coloca, e pelas quais ele subentende sempre, no horizonte, a possibilidade de um cálculo, tão complexo e tão aleatório, da eficiência[48].

A determinação de *stimuli* eficazes leva Eisenstein a um outro cálculo não menos ambicioso, o da organicidade da obra de arte. Ele vai pesquisar as leis da organicidade capazes de produzir o efeito de *êxtase* no espectador.

---

46. S. M. Eisenstein, *Au-delà des étoiles*, p. 127. É Albera quem escreve: "A originalidade do projeto eisensteiniano é não ver o filme como texto auto-suficiente (cuja 'dialética' interna examinaria a si própria), e sim, sempre, em sua relação com o espectador: do efeito de base (o *Urphänomen*) – dito 'ilusão de movimento' – à intelecção mais abstrata, da percepção à reflexão". F. Albera, op. cit., p. 344.
47. J. Aumont, *Montage Eisenstein*, p. 65-66.
48. Idem, p. 61.

Essa ênfase de Eisenstein no espectador e a sua pesquisa sobre os poderes expressivos[49] do cinema, sobre o desenvolvimento contínuo desses recursos, permite pensar que, assim como ele passou "do teatro ao cinema", passaria também do cinema para outra forma de arte ou invenção tecnológica que lhe parecesse mais propícia às suas investigações artísticas. Albera observa que "nada impede de pensar que Eisenstein busca [...] ir além do cinema"[50] – tendo em vista a confissão de Eisenstein a Marie Seton, em certo momento da sua carreira, dizendo se sentir limitado no cinema ("meio primitivo demais para mim") e a ambição sem equivalente para o cinema da época dos projetos de *A Casa de Vidro* e *O Capital*[51]. Numa carta para Esfir Shub, datada do dia quatro de junho de 1931, Eisenstein desabafa:

> Às vezes gostaria de montar uma obra teatral, mas em um teatro autêntico, verdadeiro. Tão violenta é minha reação contra o cinema. Considerando que creio que nunca trabalhei tão consciente e com tanta aplicação como aqui agora.
>
> Os problemas da montagem já não me interessam nem um pouco e, resulta terrível dizê-lo, o som me interessa ainda menos! Quem sabe o que sairá de um filme realizado nesse ambiente...[52].

Certamente, trata-se da declaração de um homem esgotado diante das adversidades da produção do seu filme mexicano inacabado *Que Viva México!*. Entretanto, sua vontade de montar uma obra teatral "verdadeira" revela a sua insatisfação não apenas com o teatro da época mas também com o próprio cinema. Este, em algum momento, pode ter assumido para Eisenstein o papel de "teatro autêntico".

MISE-EN-SCÈNE E *MISE-EN-CADRE*

Um outro aspecto importante da relação entre teatro e cinema na obra de Eisenstein está ligado à relevância da *mise-en-scène* teatral no próprio procedimento de realização de um filme. Em suas memórias, Eisenstein afirma:

> No sentido mais estrito da palavra, a *mise-en-scène* é a combinação de elementos espaciais e temporais para a produção de ações mútuas de pessoas na cena.
>
> Sempre fui apaixonado pelo entrelaçamento de linhas autônomas de ação, tendo cada uma leis específicas para os tons de seus desenhos rítmicos e para os deslocamentos espaciais se entrançando em um todo único e harmonioso.

---

49. Antes mesmo de saber da existência do texto *Movimento Expressivo*, lendo os livros *A Forma do Filme* e *O Sentido do Filme*, percebi, assim como Naum Kleiman, que uma das palavras favoritas de Eisenstein é *expressividade*. N. Kleiman, Eisenstein: mi tu, *me too,* nós também, *Cinemais*, n. 12, p.12.

50. F. Albera, op. cit., p. 342.

51. No final dos anos 20, Eisenstein anuncia sua intenção de filmar *O Capital* de Karl Marx.

52. S. M. Eisenstein apud V. Shklovski, *Eisenstein*, p. 324.

A *mise-en-scène* permaneceu não apenas minha preferência, mas também se transformou no ponto de partida constante, não apenas pela expressão de uma cena, cena que para mim sai da *mise-en-scène*, depois se desenvolve em suas partes constituintes, – mas bem mais que por conta disso [...].
Desenvolvendo-se novamente pela passagem do teatro ao cinema, a *mise-en-scène* se transformou em leis da *mise-en-cadre* (é preciso entender por isso não apenas *a repartição espacial no interior do quadro*, mas também *a repartição relativa mutual de um quadro a outro*) – passou a ser o objeto de uma nova paixão – a montagem[53].

Uma vez que se conhece o método eisensteiniano de ensino da realização cinematográfica, vê-se que Eisenstein reservava à questão da *mise-en-scène* um lugar fundamental. Seus alunos deveriam primeiramente montar uma dada cena como *mise-en-scène* teatral, sem se preocupar com a intervenção da câmera cinematográfica, para só depois, aí sim, pensar a cena como *mise-en-cadre*, como enquadramento da *mise-en-scène* anterior. Segundo Eisenstein, esse método se justifica porque se no teatro uma peça é dividida em atos, um ato em cenas, e a cena em ações isoladas; no cinema, essa decupagem vai muito mais além, já que no filme a própria ação colocada em cena – a *mise-en-scène* – é fragmentada em complexos de planos (ou unidades de montagem) que, por sua vez, se dividem em planos. "A unidade de estrutura", ensina Eisenstein, "cada vez menor, está em relação de dependência com a unidade que a precede. Existe, se vocês considerarem, uma disciplina quase militar: o plano é o simples soldado, a *mise-en-scène* é o chefe do batalhão"[54]. Vale observar que essa justificativa de Eisenstein se funda numa concepção de teatro/dramaturgia convencional – a divisão em atos, cenas, ações –, e reforça o seu entendimento da obra de arte como um todo composto de partes (a teoria da *pars pro toto*)[55].

53. S. M. Eisenstein, *Mémoires*, p. 54-55. Em nota ao livro de memórias de Eisenstein, referente à passagem citada, Jacques Aumont, um dos tradutores franceses da obra, observa que o cineasta se utilizava da palavra *mizanscène* – forjada por ele a partir da versão francesa –, quando se referia a uma teoria da *mise-en-scène*. É o que acontece no texto citado. Já a palavra russa *postanovka* (traduzida por Aumont como *mise en scène*, sem a recorrência aos hífens) era usada por Eisenstein para designar geralmente uma encenação concreta. Vale ressaltar, entretanto, segundo Aumont, que essa divisão de significados entre *mizanscène* e *postanovka* não segue uma regra absoluta nos textos de Eisenstein. Este também criou uma versão para o termo francês *mise-en-cadre*: *mizankadr*, termo que abarcaria todos os problemas de composição da imagem.
Como Eisenstein pensa essas questões de realização, de certa forma, em relação a termos franceses, optei por usar *mise-en-scène* e *mise-en-cadre*, então, na língua francesa, tendo em vista também que o primeiro termo faz parte do léxico português.
54. S. M Eisenstein; V. Nijny, *Leçons de mise-en-scène*, p. 111.
55. "Se é inegável que, ao longo da década de 1920, reflexão e prática eisensteiniana permanecem divididas entre duas tendências principais, [...] agora é preciso situar o lugar dessa contradição: na oposição – não formulada por Eisenstein, que não a reconhece – entre a teoria das 'atrações', inovação decisiva para o cinema, o equivalente da colagem no campo da pintura, e a teoria da *pars pro toto*. A *pars pro toto*

Obviamente, quando a câmera cinematográfica começa a fazer parte do jogo da encenação, esta não deixa de ser afetada por essa participação, já que há a necessidade de enquadramento da cena. Segundo Eisenstein, o cinema impõe certos traços específicos à encenação. A câmera, por exemplo, ao contrário do espectador de teatro, fixo em sua poltrona, pode se encontrar, de certa forma, em meio aos eventos representados, propiciando ao espectador vários pontos de vista. Cada plano, por sua vez, vai requerer também uma composição cênica específica. Entretanto, vale ressaltar, a base da escrita cinematográfica é proposta pelo jogo do ator. Para Eisenstein, nesse processo de criação cinematográfica, é a encenação que serve de base, é o que vem em primeiro lugar. É a partir da lógica do jogo e da movimentação do ator que será pensada a composição do quadro (*cadre*), a montagem, enfim, o filme como um todo. Mais uma vez percebe-se a importância do corpo e da sua expressividade na obra de Eisenstein. O interessante é que se pode ver nessa importância dada ao ator, algo como um possível retorno aos princípios meierholdianos.

Meierhold, por um lado, mas Stanislávski por outro – para permanecer na relação conflitante bem ao gosto de Eisenstein. É ele que, no artigo "Diderot Falou de Cinema", trata o cinema como uma realização dos sonhos daqueles que deliravam a propósito de uma "quarta parede" irrealizável no teatro[56]. No cinema, segundo Eisenstein, essa "quarta parede" é possível. Ele escreve:

> A *mise en scène*, o jogo, a interação e a *mise en place* emergem inteiramente do interior das relações entre os personagens, do interior da sua comunicação com o meio, com o entorno.
> O ator ignora de onde pode ser fixado pelo olho da objetiva: ele não pensa mais nele mas em seu parceiro ao qual está ligado pelo jogo; ele não pensa mais na rampa ou nos bastidores, mas na porta que lhe atrai; na janela através da qual ele tem vontade de olhar; no divã sobre o qual ele tem vontade de se deitar[57].

Por outro lado, entretanto, há uma alteração do princípio da "quarta parede", pois a *mise-en-scène*, segundo Eisenstein, permite fixar pontos de ruptura ou de intensificação da ação, da expressividade gestual, mímica, verbal. A continuidade da ação que se desenvolve entre "quatro paredes" é contraposta, então, à descontinuidade da montagem cinematográfica e à importância dada à composição do quadro. Eisenstein quer o *momento decisivo* da ação e os *pontos decisivos* da câmera[58]. Em "Diderot Falou de Cinema", Eisenstein não entra em

---

pressupõe o todo, a unidade (é a tendência hegeliana, na qual a diferença, a alteridade, é apenas um momento da totalidade antecipada nas partes e nos antecedentes). A atração induz o heterogêneo". F. Albera, op. cit., p. 343.

56. S. M. Eisenstein, *Le Mouvement de l'art*, p. 87.
57. Idem, p. 89.
58. Idem, p. 94.

detalhes sobre o que seriam esses aspectos levados em consideração na composição do quadro cinematográfico. De qualquer forma, vê-se que a noção de quadro para o cineasta russo depende não apenas do enquadramento (*mise-en-cadre*), mas também do *momento decisivo* da ação (*mise-en-scène*).

Ao tratar do rigor da composição do *cadre*, Eisenstein se refere a Diderot, pois este autor teria pensado a obra dramática como uma apresentação de quadros reais com momentos de ação dignos de serem fixados por um pintor[59]. Em seu processo de criação, Eisenstein, de certa forma, também se coloca em busca desses "quadros reais" e desses momentos favoráveis ao pincel do artista. É o cineasta russo quem escreve:

> Preenchendo em meus esboços de realizador o retângulo do quadro, sempre tenho em vista, de minha parte, ambiente, cenário e personagens como eventos reais dos quais arranco com o retângulo do quadro aquilo que é essencial a um momento decisivo da ação. De maneira geral, eu prefiro e pratico sobretudo a pesquisa de pontos decisivos para a câmera – resolvendo o evento dramático pelo princípio das quatro paredes, sem fazer depender a concepção deste de um ponto previamente estabelecido[60].

Roland Barthes, no ensaio "Diderot, Brecht, Eisenstein", trata de uma noção de quadro e do que seria esse *momento decisivo* da ação na obra desses três autores citados no título do seu ensaio. Ele escreve:

> o quadro é intelectual, quer dizer algo (de moral, de social), mas diz também que sabe como é necessário dizê-lo; é simultaneamente significativo e propedêutico, impressivo e reflexivo, emocionante e consciente dos caminhos da emoção; [...] exaltando um sentido, mas manifestando a produção desse sentido, realizando a coincidência do recorte visual e do recorte das idéias. Nada separa o plano eisensteiniano do quadro greuziano (a não ser, é claro, a intenção, aqui moral, lá social); nada separa a cena épica do plano eisensteiniano (a não ser que Brecht oferece o quadro à crítica do espectador, não à sua adesão)[61].

Pode-se dizer que, para Eisenstein, a composição do quadro, o seu recorte, depende de uma conceituação, de um sentido previamente maquinado.

Mais adiante em seu ensaio, Barthes observa:

> A força primária de Eisenstein deve-se ao seguinte: *não há imagem monótona*, não se é obrigado a esperar pela imagem seguinte para compreender, para amar: nenhuma dialética (esse tempo da paciência necessário a certos prazeres), mas júbilo contínuo, feito de uma soma de instantes perfeitos[62].

O *momento decisivo* de Eisenstein é aqui tratado como o *instante perfeito*. Bastante feliz essa expressão de Barthes. Ele ainda escreve

---

59. Idem, p. 95.
60. Idem, p. 94.
61. R. Barthes, *O Óbvio e o Obtuso*, p. 86.
62. Idem, p. 87-88.

o que seria uma possível definição para esse *instante perfeito* que ele encontra no teatro de Brecht, no cinema de Eisenstein e na teoria de Diderot:

> Esse instante será um hieróglifo onde se lerá com um único olhar (com uma única percepção [...]) o presente, o passado e o futuro, isto é, o sentido histórico do gesto representado. Este instante crucial, inteiramente concreto e inteiramente abstrato, é o que Lessing chamará (em *Laocoon*) *o instante pleno*[63].

Eisenstein, apesar da ênfase que dá à *montagem* na articulação de sentidos, está preocupado também com a criação de imagens, de certa forma, auto-suficientes. Imagens plenas de sentido.

O TEATRO DE MÁSCARAS E A *TIPAGEM*

O conceito de *tipagem* nasceu da preocupação de Eisenstein com o rigor da expressão plástica. Esse conceito, segundo o cineasta russo, refere-se a um processo realizado no cinema, mas que teria suas origens no teatro, mais especificamente na *Commedia dell'Arte*, que seria, para ele, a forma de teatro mais teatralizada[64]. Segundo Eisenstein, o teatro de máscaras e a *tipagem* seriam dois aspectos de um mesmo objetivo que poderíamos traduzir como a comunicação *imediata* (e *plena* de sentido) com o espectador de aspectos fundamentais de uma obra cinematográfica ou teatral através de personagens-tipos. É Eisenstein quem escreve:

> Quando uma máscara tradicional aparece, a platéia sabe imediatamente quem é e o que é. O traço específico do teatro de máscaras depende não da revelação do caráter do personagem mas do seu tratamento, porque um personagem entra [no palco] com um caráter definido. E a *commedia dell'arte* joga com situações entre personagens tradicionais[65].

No cinema, Eisenstein define o processo da tipagem como "a seleção de faces que, com uma carga de interpretação mínima (e geralmente nula), podiam dar ao espectador, logo na primeira olhada, a representação completa de um personagem acabado"[66].

Tanto no cinema como no teatro, esse processo trata do domínio da expressão plástica (facial, gestual), das noções de *síntese* e de *exteriorização* do sentido, com a diferença de que, no cinema, as possibilidades de expressão são multiplicadas. Se no teatro de máscaras já existe um número estabelecido de personagens, no cinema, o número de personagens é infinito já que o realizador vai procurar na face de pessoas comuns, e não necessariamente apenas

---

63. Idem, p. 88.
64. R. Taylor (org.), *S. M. Eisenstein*, p. 8.
65. Idem, ibidem.
66. S. M. Eisenstein, *Mémoires*, p. 462-463.

na de atores, a tal imagem desejada[67]. Por outro lado, no cinema, a força plástica já não residiria mais na gesticulação ou na movimentação do ator, mas na força dos seus traços fisionômicos que, quanto maior, mais prescindiria da necessidade de atuação[68]. Nesse sentido, no cinema, a tipagem relaciona-se também com a *imobilidade*, outra noção cara para o pensamento de Eisenstein. De fato, a tipagem parece potencializar ainda mais essa noção de *imobilidade* ou *congelamento* que a máscara morta da *Commedia dell'Arte* traz em si e que o próprio Meierhold já apontava como um elemento importante da atuação do ator.

"Meierhold tinha em grande estima a eloqüência muda do corpo", afirma Ripellino[69]. Na cena final de sua célebre montagem de *O Inspetor Geral* (1926), adaptação do texto de Gógol, "o prefeito enlouquecia e a mulher desmaiava, enquanto caía um telão branco com letras douradas que anunciava a chegada do verdadeiro inspetor. Quando o telão se erguia novamente as personagens paralisadas de assombro apareciam substituídas por manequins, criando uma atmosfera lúgubre"[70]. Em montagens anteriores, do ano de 1925, como *O Professor Bubus* e *O Mandato*, escreve Ripellino, as personagens "tornam-se todas figuras de cera, rançosos bonecos dignos do Museu Grévin"[71].

O Museu Grévin – museu de cera fundado pelo jornalista Arthur Meyer e pelo caricaturista Alfred Grévin com o objetivo de "representar os principais eventos correntes com fidelidade escrupulosa e precisão impressionante"[72] –, uma das atrações mais concorridas da Paris do final do século XIX, é justamente uma das lembranças mais fortes da infância de Eisenstein. Ele o visitou aos oito anos de idade, quando da sua ida a Paris, em 1906, levado pelos pais. O impacto das cenas históricas representadas por bonecos de cera e por todo um aparato de figurinos, móveis e objetos que reforçavam a ilusão de realidade foi tão poderoso que, em suas memórias, ele descreve cada cena, e sua disposição no museu, como se estivesse passeando novamente por aquele espetáculo congelado: a vida dos primeiros cristãos nas catacumbas, Napoleão Bonaparte com seu traje de cerimônia estrelado em meio à sociedade parisiense. E o que foi mais impressionante para Eisenstein: a seção do *Terror*, com "Maria-Antonieta

---

67. Idem, p. 465.
68. R. Taylor (org.), op. cit., p. 11.
69. A. M. Ripellino, *Maiakóvski e o Teatro de Vanguarda*, p. 128.
70. A. Cavaliere, *O Inspetor Geral de Gógol/Meyerhold*, p. 8.
71. A. M. Ripellino, *O Truque e a Alma*, p. 300.
72. V. R. Schwartz, O Espectador Cinematográfico Antes do Aparato do Cinema: o gosto do público pela realidade na Paris fim-de-século, em L. Charney; V. R. Schwartz (orgs.), *O Cinema e a Invenção da Vida Moderna*, p. 421.

na Conciergerie, e o próprio Luís XVI na cela onde os patriotas vêm procurá-lo"[73].

No museu Grévin, assim como no campo dos esqueletos de Dvinsk, Eisenstein vê um teatro congelado da história. Vê a "memória de um grande drama" narrada da maneira mais econômica possível, em um único gesto, ou movimento fixado. "Cada esqueleto – como um drama individual no interior da vasta tragédia real"[74]. Para Eisenstein, essa *realidade congelada* não deixa também de ser, a meu ver, o encontro possível entre Stanislávski (*realidade*) e Meierhold (*congelamento*).

Interessante destacar que Roland Barthes, em um ensaio admirável, "O Terceiro Sentido: notas de investigação sobre alguns fotogramas de S. M. Eisenstein", propõe, a partir da análise de alguns fotogramas do filme de Eisenstein *Ivan o Terrível* (primeira parte), uma teoria do fotograma, segundo a qual apenas por meio dessa imagem *congelada* poder-se-ia intuir o *terceiro sentido* do filme – aquele sentido que, diferentemente do sentido óbvio, "excede a psicologia, a história, a função e, para dizer tudo, o sentido, sem contudo se reduzir à teimosia que todo o corpo humano põe em estar num lugar" – e assim se chegar ao *fílmico*. "O fílmico é, no filme, o que não pode ser descrito, é a representação que não pode ser representada. O fílmico começa só onde acabam a linguagem e a metalinguagem articulada"[75].

Assim como os esqueletos, tanto os bonecos de cera como as esculturas de deuses utilizadas na famosa seqüência do filme *Outubro*[76] representam de forma *concreta* uma expressão *sintética* de um sentido *preciso*. *Preciso* pela dimensão social e ideológica que o artista pretende dar à obra. Mas, por outro lado, esta expressão *sintética* também encerra um sentido bastante indefinido, inexplicável em palavras, o que Barthes nomeou, de maneira acertada, como o *terceiro sentido*. Um sentido estreitamente ligado ao aspecto lavado da cor branca dos esqueletos de Dvinsk, impossível de ser resgatado no material conseguido no museu de anatomia. Um sentido perturbador presente também em uma outra grande atração parisiense à mesma época do Museu Grévin: a exibição de mortos no necrotério

---

73. S. M. Eisenstein, *Mémoires*, p. 71-72.
74. Idem, p. 158.
75. R. Barthes, *Escritores, Intelectuais, Professores e Outros Ensaios*, p. 195-196; 212.
76. "As estátuas interessam a Eisenstein porque são signos de sentido cristalizado e exigem o concurso da montagem para animar-se e articular valores. Dinamizando as estátuas, o cineasta nega o sentido que está nelas petrificado e as obriga a configurar um sentido novo e mais complexo". A. Machado, *Eisenstein:* geometria do êxtase, p. 68.

da cidade[77]. Diferentemente do cadáver da filha do Doutor Charrier, os mortos do necrotério "atuavam" de maneira mais condizente com o seu estado, isto é, permaneciam completamente imóveis e não avançavam sobre ninguém. Contudo, traziam na face e no corpo as marcas de uma história que pertencia só a eles e que restava aos espectadores como um enigma.

---

77. O principal objetivo dessa instituição municipal consistia na identificação de mortos anônimos que, expostos à visitação pública, poderiam ser mais facilmente reconhecidos. No entanto, a exibição dos cadáveres se transformou num *show*. V. R. Schwartz, op. cit., p. 414.

Considerações Finais

Na segunda parte do filme *Ivan o Terrível* (1946), Eisenstein faz uma referência explícita ao teatro. Uma cena importante desse filme é a representação teatral da história de três jovens que são queimados na "fornalha flamejante" por terem desobedecido a Nabucodonosor, um tzar "feroz e malvado". Eisenstein, *à la* Shakespeare em *Hamlet*, serve-se dessa pequena encenação para acirrar o conflito entre o tzar Ivan e o bispo de Moscou, já que Ivan havia mandado assassinar três boiardos, parentes do bispo. Nessa pequena encenação, Eisenstein faz até referência ao circo – sua paixão desde a infância –, representado aqui pela figura de dois palhaços que comandam a cena no papel de carrascos dos jovens. No filme, entretanto, a referência à arte teatral não se esgota nessa única cena. Como escreve Jacques Aumont, "tudo se passa como se o filme (enquanto texto, malha de significações) se *referisse* diretamente, não à História nem a uma outra realidade qualquer dos personagens e dos acontecimentos, mas *ao teatro*". *Teatro*, para Jacques Aumont, nesse caso, está relacionado ao procedimento de trabalho de Eisenstein com a *mise-en-scène*, como "garantia interior a todo trabalho de fragmentação ('*mise-en-cadre*', montagem)"[1].

Esse trabalho com a *mise-en-scène*, de certa forma, justifica a forte teatralidade do filme, mas não me parece suficiente para entender o *teatro* de *Ivan*, ou, como escreve Kozlov, a sua "atitude teatral". Ainda está por ser feita uma análise mais detida do que venha a ser

---

1. J. Aumont, *Montage Eisenstein*, p. 124-125.

o teatral nesse filme. Apesar de *Ivan* figurar como uma espécie de marco inaugural da minha pesquisa, esta tratou apenas de responder a uma primeira pergunta que me veio à cabeça ao vê-lo: qual é a teoria do espetáculo teatral de Eisenstein? Isso porque me parecia muito evidente que Eisenstein tivesse uma formação e uma reflexão teatrais. O *Ivan* foi, então, o detonador dessa pergunta que norteou todo o meu trabalho. Nesse sentido, para cada capítulo do livro, elegi um ponto de partida específico (contextos, imagens, conceitos) que me possibilitou analisar essa pergunta central e toda uma constelação de aspectos, apresentada a mim no decurso da pesquisa e da escrita deste livro.

No primeiro capítulo, mapeei as atividades de Eisenstein ligadas ao teatro, abarcando seus interesses, estudos, projetos e realizações. A necessidade de escrever uma pequena biografia de Eisenstein, privilegiando sua trajetória artística no âmbito do teatro, impôs-se, desde o início da pesquisa, de forma determinante, pois, como bem observa Aumont, Eisenstein se tornou um mito do cinema. Precisei, então, deslocar de pronto o autor desse lugar já estabelecido, mostrando por meio de dados da sua biografia a fundamental importância da arte teatral na sua formação e experiência como artista. Outro intuito desse capítulo foi o de introduzir ao leitor alguns aspectos que foram desenvolvidos nos outros três capítulos em tópicos específicos.

O capítulo seguinte, "Visita ao Gabinete Eisenstein de Imagens Cênicas", foi dedicado às relações entre a trajetória artística de Eisenstein e os movimentos de vanguarda do início do século XX – futurismo, cubo-futurismo, excentrismo e construtivismo –, não deixando, entretanto, de enfocar, no primeiro tópico do capítulo, o simbolismo, movimento artístico importante para se compreender a revolução teatral nos palcos soviéticos. Ao longo de todo o capítulo, como estratégia para analisar alguns trabalhos do autor, bem como de alguns cenógrafos e/ou encenadores contemporâneos seus, fiz uma aproximação entre cena teatral e artes plásticas, tendo em vista a concepção visual do espetáculo teatral e a movimentação cênica. Nesse capítulo, foram apontadas, ainda que de forma introdutória, algumas tensões importantes para se compreender a estética teatral eisensteiniana, tais como: a tensão entre "imobilidade dinâmica" e "cena dinâmica", "ação real" e "cenários fictícios", identificação e estranhamento, secundário e principal, fragmento e todo. Este capítulo visou constituir um horizonte histórico para as questões de ordem mais conceitual, tratadas nos dois capítulos seguintes.

Em "Teatro de Esqueletos", terceiro capítulo do livro, fiz inicialmente uma aproximação entre o teatro eisensteiniano e o teatro de Grand-Guignol. Discorri sobre a relação que Eisenstein estabelece entre o sentido da *realidade imediata* do espetáculo de Grand-Guignol e o conceito de *atração*, destacando, nessa perspectiva, a importância do caráter de "ao vivo" do espetáculo, o elogio à violência e ao perigo, o forte apelo visual e sonoro da cena. Posteriormente, desenvolvi uma abordagem mais pontual das teorizações de Eisenstein do *movimento expressivo*, relativa ao processo de criação e de atuação do ator, e da *montagem de atrações*, concernente à concepção do espetáculo teatral como um todo. Ambas configuram tentativas do autor de fundamentar cientificamente o efeito da obra de arte no espectador. A biomecânica foi abordada em um tópico específico, tendo em vista a relevância dessa pesquisa de Meierhold para a concepção eisensteiniana do movimento expressivo. Minha análise revelou as tensões entre organicidade e conflito, cálculo e emoção, adesão e choque, continuidade e interrupção, presentes na reflexão teórica de Eisenstein.

No quarto capítulo, "Os Dois Crânios de Alexandre o Grande", analisei as tensões entre os procedimentos utilizados por Eisenstein no cinema e no teatro. De início, tratei da inserção do curta-metragem *O Diário de Glumov* na encenação de *O Sábio* e da utilização de procedimentos considerados cinematográficos em outras encenações de Eisenstein. Num segundo momento, demonstrei como a sua teoria do movimento expressivo foi determinante para a sua teoria da montagem cinematográfica. Na seqüência, não deixei de pontuar também a importância para Eisenstein da *mise-en-scène* teatral no próprio procedimento da realização cinematográfica e de tratar da tipagem, uma espécie de teatro de máscaras no cinema de Eisenstein.

Eisenstein adorava histórias de detetive. Em 1945, cogitava fundar uma revista de histórias policiais. Eisenstein era um grande pesquisador e uma pesquisa sobre qualquer tema tem algo de investigação detetivesca. Pistas quentes, pistas falsas, testemunhas, momentos de epifania, um *corpus* de trabalho etc. Revejo o *Ivan* e sinto que a primeira pergunta que me lancei se encontra, ao menos em parte, respondida. Mas é muito instigante perceber que finalizo este livro como o iniciei: um tanto intrigada e talvez por isso mesmo ainda arrebatada com o *teatro* de *Ivan*.

Bibliografia

ANDREW, James Dudley. *As Principais Teorias do Cinema*: uma introdução. Rio de Janeiro: Jorge Zahar Editor, 1989.
ANGELIDES, Sophia. *A.P. Tchekhov*: cartas para uma poética. São Paulo: Edusp, 1995.
APPIA, Adolphe. *La Mise en scène du drame wagnérien*. Paris: Léon Chailley, 1985.
ARISTÓTELES. *Arte Retórica e Arte Poética*. São Paulo: Nova Cultural, 1987.
ARNHEIM, Rudolf. *A Arte do Cinema*. Lisboa: Edições 70, 1989.
AUMONT, Jacques. *A Imagem*. Campinas: Papirus, 1993.
BAER, Nancy Van Norma. Design and Movement in the Theatre of the Russian Avant-Garde. In: _____.(org.) *Theatre in Revolution*: russian avant-garde stage design 1913-1935. London: Thames and Hudson, The Fine Arts Museums of San Francisco, 1991.
BAKHTIN, Mikhail. *A Cultura Popular na Idade Média e no Renascimento*: o contexto de François Rabelais. São Paulo/Brasília: HUCITEC/Editora da Universidade de Brasília, 1993.
BARTHES, Roland. *Ensaios Críticos*. São Paulo: Edições 70, 1977.
_____. *Escritores, Intelectuais, Professores e Outros Ensaios*. Lisboa: Editorial Presença, 1975.
_____. *O Óbvio e o Obtuso*: ensaios críticos III. Rio de Janeiro: Nova Fronteira, 1990.
_____. *Mitologias*. Rio de Janeiro: Bertrand Brasil, 1999.
BENJAMIN, Walter. *Magia e Técnica, Arte e Política*. 6. ed. São Paulo: Brasiliense, 1993.
BENTLEY, Eric. *The Theory of the Modern Stage*. [s.l.]: Peguin, 1992.

BLOK, Aleksandr Aleksândrovitch. *A Barraquinha de Feira*. Tradução de Reni Chaves Cardoso. Cópia digitada, [s/d].
BORNHEIM, Gerd A. *O Sentido e a Máscara*. 3. ed. São Paulo: Perspectiva, 1992.
BRAUN, Edward. *Meyerhold*: a revolution in theatre. Iowa City: University of Iowa Press, 1995.
BRECHT, Bertold. *O Teatro Dialético*: ensaios. Seleção e introdução de Luiz Carlos Maciel. Rio de Janeiro: Civilização Brasileira, 1967.
_____. *El Compromiso en Literatura y Arte*. Edição de Werner Hecht. Provenza: Ediciones Península,1973.
BÜRGUER, Peter. *Teoria da Vanguarda*. Vega: Lisboa, 1993.
CARLSON, Marvin. *Teorias do Teatro*: estudo histórico-crítico dos gregos à atualidade. São Paulo: UNESP, 1997.
CARVALHO, Angela Materno. A *commedia dell'arte*. In: NUÑEZ, Carlinda Fragale Pate et al. *O Teatro Através da História*. Rio de Janeiro: Centro Cultural Banco do Brasil; Entourage Produções Artísticas, 1994, v. 1.
CAVALIERE, Arlete. *O Inspetor Geral de Gógol/Meyerhold*: um espetáculo síntese. São Paulo: Perspectiva, 1996.
CHARNEY, Leo. Num Instante: o cinema e a filosofia da modernidade. In: CHARNEY, Leo.; SCHWARTZ, Vanessa. R (orgs.). *O Cinema e a Invenção da Vida Moderna*. São Paulo: Cosac & Naify, 2001.
CHAVES, Yedda Carvalho. *A Biomecânica como Princípio Constitutivo da Arte do Ator*. Dissertação de mestrado. São Paulo: ECA–USP, 2001.
CONRADO, Aldomar. *O Teatro de Meyerhold*. Tradução, apresentação e organização de diversos trabalhos de/sobre Meyerhold. Rio de Janeiro: Civilização Brasileira, 1969.
CRAIG, Edward Gordon. *On the Art of the Theatre*. London: Mercury Books, 1962.
DARWIN, Charles. *A Expressão das Emoções no Homem e nos Animais*. São Paulo: Companhia das Letras, 2001.
FRANCASTEL, Pierre. *A Imagem, a Visão e a Imaginação*. Lisboa: Edições 70, [s/d].
GARCIA, Silvana. *As Trombetas de Jericó:* teatro das vanguardas históricas. São Paulo: Hucitec/FAPESP, 1997.
_____. *Teatro da Militância*: a intenção do popular no engajamento político. São Paulo: Perspectiva, 1990.
GOMBRICH, Ernst Hans. *A História da Arte*. 16. ed. Rio de Janeiro: LTC, 1999.
GORDON, Mel. Russian Eccentric Theatre: The Rhythm of America on the Early Soviet Stage. In: BAER, Nancy Van Norma (org.). *Theatre in Revolution*: russian avant-garde stage design 1913-1935. London: Thames and Hudson/The Fine Arts Museums of San Francisco, 1991.
GUINSBURG, J. *Stanislávski, Meierhold & Cia*. São Paulo: Perspectiva, 2001.
_____. *Stanislávski e o Teatro de Arte de Moscou*: do realismo externo ao tchekhovismo. 2. ed. revista. São Paulo: Perspectiva, 2001.
GUNNING, Tom. O Retrato do Corpo Humano: a fotografia, os detetives e os primórdios do cinema. In: CHARNEY, Leo; SCHWARTZ, Vanessa. R. (orgs.). *O Cinema e a Invenção da Vida Moderna*. São Paulo: Cosac & Naify, 2001.
_____. The Cinema of Attractions: early film, its spectator and the avant-garde. In: ELSAESSER, Thomas (org.). *Early Cinema*: space, frame, narrative. London: British Film Institute, 1990.

HOCKE, Gustav R. *Maneirismo:* o mundo como labirinto. São Paulo: Perspectiva, 1974.
HUGO, Victor. *Do Grotesco e do Sublime*: tradução do prefácio de Cromwell. São Paulo: Perspectiva, 2002.
KAYSER, Wolfgang. *O Grotesco.* São Paulo: Perspectiva, 1986.
KISSINGER, Henry. *Diplomacia.* 2. ed. revista. Rio de Janeiro: Francisco Alves e UniverCidade Editora, 1999.
KLEIST, Heinrich Von. *A Marquesa d'O e outras Estórias.* Rio de Janeiro: Imago, 1992.
KOVALENKO, Georgii. The Constructivist Stage. In: BAER, Nancy Van Norman (org.). *Theatre in Revolution*: russian avant-garde stage design 1913-1935. London: Thames and Hudson/The Fine Arts Museums of San Francisco, 1991.
KRAUSS, Rosalind. *Caminhos da Escultura Moderna.* São Paulo: Martins Fontes, 2001.
LAVIN, Maud. Photomontage, Mass Culture, and Modernity: utopianism in the circle of new advertising designers. In: TEITELBAUM, Matthew (edit.). *Montage and Modern Life*: 1919-1942. Cambridge, Massachusetts/ London, England: MIT Press/ The Institute of Contemporary Art Boston, 1993.
LISTA, Giovanni. Brecht et Wagner. *Obliques*, n. 20-21, Brecht.
MACHADO, Arlindo. *Pré-cinemas & Pós-cinemas.* Campinas, SP: Papirus, 1997.
MARTINS, Luiz Renato. Teoria da Arte – Teoria da Montagem: poéticas do choque, de Cézanne a *Outubro*. In: ALBERA, François. *Eisenstein e o Construtivismo Russo.* São Paulo: Cosac & Naify, 2002.
MAXA, Paula. Quinze ans au Grand-Guignol ou la póesie de la peur. In: PIERRON, Agnès (org.). *Le Grand-Guignol*: le théâtre des peurs de la Belle Époque. Paris: Robert Laffont, 1995.
METZ, Christian. *A Significação no Cinema.* 2. ed. São Paulo: Perspectiva, 1977.
MEYERHOLD, Vsevolod Emilievitch. *Textos Teoricos.* Madrid: Alberto Corazon, 1973, v. 1-2.
_____. *Écrits sur le théâtre.* Lausanne: La Cité – L'Âge d'Homme, 1973 (t. 1), 1975 (t. 2), 1980 (t. 3). (Collection Théâtre années vingt).
MISLER, Nicoletta. Designing Gestures in the Laboratory of Dance. In: BAER, Nancy Van Norman (org.). *Theatre in Revolution*: russian avant-garde stage design 1913-1935. London: Thames and Hudson, The Fine Arts Museums of San Francisco, 1991.
NEDOBROVO, Vladímir. FEKS: Kózintzev y Trauberg. In: RAPISARDA, Giusi (org.). *Cine y Vanguardia en la Unión Soviética*: La Fábrica del Actor Excéntrico (FEKS). Barcelona: Editorial Gustavo Gili, S.A., 1978.
NIETZSCHE, Friedrich. *O Nascimento da Tragédia.* 2. ed. São Paulo: Companhia das Letras, 2000.
PAVIS, Patrice. *Dicionário de Teatro.* São Paulo: Perspectiva, 1999.
PAZ, Octavio. *Os Filhos do Barro.* Rio de Janeiro: Nova Fronteira, 1984.
PERLOFF, Marjorie. *O Momento Futurista*: avant-garde, avant-guerre, e a linguagem da ruptura. São Paulo: Edusp, 1993.
PETRIC, Vlada. *Constructivism in Film*: *The Man with the Movie Camera* – a cinematic analysis. New York: Cambridge University Press, 1987.

PICON-VALLIN, Béatrice. *Meyerhold*: les voies de la création théâtrale, n. 17. Paris: Éditions du CNRS, 1990.

_____.Hybridation Spatiale, Registres de Présence. Disponível em: www.ciberkiosk.pt/espectaculos/beatrice.html. Acesso em: março de 2002.

_____. A Música no Jogo do Ator Meyerholdiano. Disponível em: www.grupotempo.com.br/tex_musmeyer.html. Acesso em: março de 2002.

PIERRON, Agnès (org.). *Le Grand-Guignol*: le théâtre des peurs de la Belle Époque. Paris: Robert Laffont, 1995.

PIPES, Richard. *História Concisa da Revolução Russa*. Rio de Janeiro: Record, 1997.

PLASSARD, Didier. *L'acteur en effigie*: figures de l'homme artificiel dans le théâtre des avant-gardes historiques, Allemagne, France, Italie. Théâtre années vingt. Lausanne: L'Institut International de la Marionnette/ L'Âge d'Homme, 1992.

POMORSKA, Krystyna. *Formalismo e Futurismo*: a teoria formalista russa e seu ambiente poético. São Paulo: Perspectiva, 1972.

RAPISARDA, Giusi (org.). *Cine y Vanguardia en la Unión Soviética*: La Fábrica del Actor Excéntrico (FEKS). Barcelona: Gustavo Gili, 1978.

RIPELLINO, Angelo Maria. *Maiakóvski e o Teatro de Vanguarda*. 2. ed. São Paulo: Perspectiva, 1986.

_____. *O Truque e a Alma*. São Paulo: Perspectiva, 1996.

ROSENFELD, Anatol. *O Teatro Épico*. 3. ed. São Paulo: Perspectiva, 1992. (Coleção Debates)

ROUBINE, Jean-Jacques. *A Linguagem da Encenação Teatral*. 2. ed. Rio de Janeiro: Jorge Zahar, 1988.

_____. *Introduction aux grandes théories du théâtre*. Paris: Nathan/HER, 1998.

RUDNITSKI, Konstantin. *Théâtre russe et soviétique 1905-1935*: avant-garde et tradition. Paris: Thames & Hudson SARL, 2000.

SABATIER, Guy. Idéologie et fonction sociale du Grand-Guignol à ses origines. In: *Europe*: Sade/Le Grand-Guignol, nov.-dez., 1998.

SCHARF, Aaron. Construtivismo. In: STANGOS, Nikos (org.). *Conceitos da Arte Moderna*. Rio de Janeiro: Jorge Zahar, 2000.

SCHNITZER, Luda; SCHNITZER, Jean; MARTIN, Marcel (orgs.). *Cine y Revolución*: el cine soviético por los que lo hicieron. Buenos Aires: Ediciones de la Flor, 1974.

SCHOLEM, Gershom G. *A Cabala e seu Simbolismo*. 2. ed. revista. São Paulo: Perspectiva, 1988.

SCHULTZ, Duane. *História da Psicologia Moderna*. São Paulo: Cultrix, 1975.

SCHWARTZ, Vanessa R. O Espectador Cinematográfico Antes do Aparato do Cinema: o gosto do público pela realidade na Paris fim-de-século. In: CHARNEY, Leo; SCHWARTZ, Vanessa R (orgs.). *O Cinema e a Invenção da Vida Moderna*. São Paulo: Cosac & Naify, 2001.

SHKLOVSKY, Viktor. Nacimiento y Vida de la FEKS. In: RAPISARDA, Giusi (org.). *Cine y Vanguardia en la Unión Soviética*: La Fábrica del Actor Excéntrico (FEKS). Barcelona: Gustavo Gili, 1978.

SINGER, Ben. Modernidade, Hiperestímulo e o Início do Sensacionalismo Popular. In: CHARNEY, Leo; SCHWARTZ, Vanessa R. (orgs.). *O Cinema e a Invenção da Vida Moderna*. São Paulo: Cosac & Naify, 2001.

SOURITZ, Elizabeth. Constructivism and Dance. In: BAER, Nancy Van Norman (org.). *Theatre in Revolution*: russian avant-garde stage design 1913-1935. London: Thames and Hudson/The Fine Arts Museums of San Francisco, 1991.

STANISLÁVSKI, Konstantin S. *Minha Vida na Arte*. Rio de Janeiro: Civilização Brasileira, 1989.

_____. *A Preparação do Ator*. 15. ed. Rio de Janeiro: Civilização Brasileira, 1999.

_____. *A Criação de um Papel*. 6. ed. Rio de Janeiro: Civilização Brasileira, 1999.

_____. *A Construção da Personagem*. 10. ed. Rio de Janeiro: Civilização Brasileira, 2000.

SZONDI, Peter. *Teoria do Drama Moderno*: [1880-1950]. São Paulo: Cosac & Naify, 2001.

TUDOR, Andrew. *Teorias do Cinema*. São Paulo: Martins Fontes, 1999.

WAGNER, Richard. *A Arte e a Revolução*. Lisboa: Antígona, 1990.

XAVIER, Ismail (org.). *O Cinema no Século*. Rio de Janeiro: Imago, 1996.

_____. *O Discurso Cinematográfico:* a opacidade e a transparência. Rio de Janeiro: Paz e Terra, 1977.

_____ (org.) *A Experiência do Cinema*. Rio de Janeiro: Graal/Embrafilme, 1983.

_____. *Sétima Arte*: um culto moderno. São Paulo: Perspectiva/Secretaria da Cultura, Ciência e Tecnologia do Estado de São Paulo, 1978.

_____. *O Olhar e a Cena*: Melodrama, Hollywood, Cinema Novo, Nelson Rodrigues. São Paulo: Cosac & Naify, 2003.

BIBLIOGRAFIA DE EISENSTEIN

EISENSTEIN, Serguei Mikháilovitch. *A Forma do Filme*. Rio de Janeiro: Jorge Zahar, 1990.

_____. *O Sentido do Filme*. Rio de Janeiro: Jorge Zahar, 1990.

_____. *Le Film*: sa forme, son sens. Paris: Christian Bourgois, 1976.

_____. *Cinematismo*. Buenos Aires: Domingo Cortizo, 1982.

_____. *Reflexões de um Cineasta*. Rio de Janeiro: Zahar, 1969.

_____. *La Non-indifférente nature / 1*. Paris: Union Générale d'Éditions, 1976.

_____. *La Non-indifférente nature / 2*. Paris: Union Générale d'Éditions, 1978.

_____. *Au-delà des étoiles*. Paris: Union Générale d'Éditions, 1974.

_____. *Mémoires*. Paris: Julliard, 1989.

_____. *Le Mouvement de l'art*. Paris: Les Éditions du Cerf, 1986.

_____. *Films Essays and a Lecture*. New Jersey: Princeton University Press, 1982.

_____. Montagem de Atrações. In: XAVIER, Ismail (org.). *A Experiência do Cinema*. Rio de Janeiro: Graal/Embrafilme, 1983.

_____. The Montage of Film Attractions. In: LEYDA, Jay; VOYNOW, Zina. *Eisenstein at Work*. New York: Pantheon Books, 1982.

_____. Notes on Biomechanics. In: LAW, Alma; GORDON, Mel. *Meyerhold, Eisenstein and Biomechanics*: actor training in revolutionary Russia. North Carolina: McFarland & Company, 1996.

_____. Principles of Movement in our Theatre. In: LAW, Alma; GORDON, Mel. *Meyerhold, Eisenstein and Biomechanics*: actor training in revolutionary Russia. North Carolina: McFarland & Company, 1996.

_____. What is a Raccourci and what is a Pose?. In: LAW, Alma; GORDON, Mel. *Meyerhold, Eisenstein and Biomechanics*: actor training in revolutionary Russia. North Carolina: McFarland & Company, 1996.

_____. On Recoil Movement. In: LAW, Alma; GORDON, Mel. *Meyerhold, Eisenstein and Biomechanics*: actor training in revolutionary Russia. North Carolina: McFarland & Company, 1996.

_____. Lecture on Biomechanics, March 29, 1935. In: LAW, Alma; GORDON, Mel. *Meyerhold, Eisenstein and Biomechanics*: actor training in revolutionary Russia. North Carolina: McFarland & Company, 1996.

EISENSTEIN, Serguei Mikháilovitch; TRETIAKOV, Serguei. Expressive Movement. In: LAW, Alma; GORDON, Mel. *Meyerhold, Eisenstein and Biomechanics*: actor training in revolutionary Russia. North Carolina: McFarland & Company, 1996.

EISENSTEIN, Serguei Mikháilovitch; SETON, Marie. Notes on Eisenstein's Lectures. In: LAW, Alma; GORDON, Mel. *Meyerhold, Eisenstein and Biomechanics*: actor training in revolutionary Russia. North Carolina: McFarland & Company, 1996.

_____. Stuttgart. In: ALBERA, François. *Eisenstein e o Construtivismo Russo*. São Paulo: Cosac & Naify, 2002.

_____. Introdução à [Conferência] de Stuttgart. In: ALBERA, François. *Eisenstein e o Construtivismo Russo*. São Paulo: Cosac & Naify, 2002.

_____. Resumos de Acréscimos à [Conferência] de Stuttgart. In: ALBERA, François. *Eisenstein e o Construtivismo Russo*. São Paulo: Cosac & Naify, 2002.

_____. Sobre a Envergadura Mundial de Valeska Gert. In: ALBERA, François. *Eisenstein e o Construtivismo Russo*. São Paulo: Cosac & Naify, 2002.

EISENSTEIN, Serguei Mikháilovitch; NIJNY, Vladimir. *Leçons de mise en scène*. Paris: FEMIS, 1989.

_____. *Mettre en scène*. Paris: Union générale d'éditions et Cahiers du cinéma, 1973.

EISENSTEIN, Serguei Mikháilovitch.; BLEIMAN, M.; KOSINTSEV, Grigori. *El arte de Charles Chaplin*. Buenos Aires: Nueva Visión, 1973.

TAYLOR, Richard (org.). *S. M. Eisenstein:* selected works. Writings, 1934-1947. London: British Film Institute, 1996, v. 3.

BIBLIOGRAFIA SOBRE EISENSTEIN

ALBERA, François. *Eisenstein e o Construtivismo Russo*. São Paulo: Cosac & Naify, 2002.

_____. Eisenstein dans la ligne. Eisenstein et la question graphique. In: CHATEAU, Dominique; JOST, François; LEFEBVRE, Martin (orgs.). *Eisenstein*: l'ancien et le nouveau. Colloque de Cerisy. Paris: Publications de la Sorbonne, 2001.

ALEA, Tomáz Gutiérrez. *Dialética do Espectador*: seis ensaios do mais laureado cineasta cubano. São Paulo: Summus, 1984.

ALFARO, Eduardo de la Vega. *Del Muro a la Pantalla*: S. M. Eisenstein y el arte pictórico mexicano. México: Instituto Mexiquense de Cultura, Instituto Mexicano de Cinematografia, Universidade de Guadalajara, 1997.

AMENGUAL, Barthélemy. *Que Viva Eisenstein!* Paris: Éditions l'Âge d'Homme, 1980.

AUMONT, Jacques. *Montage Eisenstein*. Paris: Albatros, 1979.

BANU, Georges. Eisenstein, le Japon et Quelques Techniques du Montage. In: *Collage et montage au théâtre et dans les autres arts durant les années vingt*. Lausanne: La Cité/L'Âge d'Homme, 1978.

BULGAKOWA, Oksana. *Sergei Eisenstein*: a biography. San Francisco: Potemkin Press, 2001.

_____. La conférence berlinoise d'Eisenstein: entre la psychanalyse et la gestalt-psychologie. In: CHATEAU, Dominique; JOST, François; LEFEBVRE, Martin (orgs.). *Eisenstein*: l'ancien et le nouveau. Colloque de Cerisy. Paris: Publications de la Sorbonne, 2001.

CHRISTIE, Ian; TAYLOR, Richard (orgs.). *Eisenstein Rediscovered*. London/ New York: Routledge, 1988.

ESQUENAZI, Jean-Pierre. *Ivan le Terrible* est-il un dessin animé? Eisenstein, Disney et la plasmacité. In: CHATEAU, Dominique; JOST, François; LEFEBVRE, Martin (orgs.). *Eisenstein*: l'ancien et le nouveau. Colloque de Cerisy. Paris: Publications de la Sorbonne, 2001.

HAMON, Christine. Le Montage dans les premières réalisations d'Eisenstein au théâtre. In: BABLET, Dénis (org.) *Collage et montage au théâtre et dans les autres arts durant les années vingt*. Lausanne: La Cité/L'Âge d'Homme, 1978.

KLEIMAN, Naum. Eisenstein: mi tu, me too, nós também. *Cinemais*, [s.l.], n. 12, jul/agosto 1998.

KÓZINTZEV, Grigori. Sur S. M. Eisenstein. *Cahiers du cinéma*, 226-227, jan.-fev. 1971.

KOZLOV, Leonid. De l'Hypothèse d'une dédicace secrète. *Cahiers du cinéma*, 226-227, jan.-fev., 1971.

LAW, Alma; GORDON, Mel. *Meyerhold, Eisenstein and Biomechanics*: actor training in revolutionary Russia. North Carolina: McFarland, 1996.

_____. Eisenstein's Early Work in Expressive Behavior: the montage of movement. *Millenium Film Journal*, n. 03, 1979.

LARY, Nikita. Michael. Eisenstein and Shakespeare. In: CHRISTIE, Ian; TAYLOR, Richard (orgs.). *Eisenstein Rediscovered*. London/New York: Routledge, 1988.

LEACH, Robert. *Eisenstein's Theatre Work*. In: CHRISTIE, Ian; TAYLOR, Richard (orgs.). *Eisenstein Rediscovered*. London/New York: Routledge, 1988.

LEVSHIN, Aleksandr. At Rehearsals of "The Wiseman". In: LAW, Alma; GORDON, Mel. *Meyerhold, Eisenstein and Biomechanics*: actor training in revolutionary Russia. North Carolina: McFarland & Company, 1996.

LEYDA, Jay; VOYNOW, Zina. *Eisenstein at Work*. New York: Pantheon, 1982.

MACHADO, Arlindo. *Eisenstein:* geometria do êxtase. São Paulo: Brasiliense, 1982.

MITRY, Jean. *S. M. Eisenstein*: classiques du cinéma. Paris: Éditions Universitaires, 1956.

NOUSSINOVA, Natalia. Eisenstein excentrique. In: CHATEAU, Dominique; JOST, François; LEFEBVRE, Martin (orgs.). *Eisenstein*: l'ancien et le nouveau. Colloque de Cerisy. Paris: Publications de la Sorbonne, 2001.

SETON, Marie. *Eisenstein*. Paris: Éditions du Seuil, 1957.

SHKLOVSKY, Viktor. *Eisenstein*. Ciudad de la Habana: Editorial Arte y Literatura, 1985.

STRAUVEN, Wanda. *Notes sur le "grand talent futuriste" d'Eisenstein*. In: CHATEAU, Dominique; JOST, François; LEFEBVRE, Martin (orgs). *Eisenstein*: l'ancien et le nouveau. Colloque de Cerisy. Paris: Publications de la Sorbonne, 2001.

TSIVIAN, Yuri. *Eisenstein and Russian Symbolist Culture*: an unknown script of *October*. In: CHRISTIE, Ian; TAYLOR, Richard (orgs). *Eisenstein Rediscovered*. London/New York: Routledge, 1988.

XAVIER, Ismail. Eisenstein: a construção do pensamento por imagens. In: NOVAES, Adauto (org.). *Arte/pensamento*. São Paulo: Companhia das Letras, 1994.

FILMOGRAFIA SOBRE EISENSTEIN

Serguei Eisenstein: Uma Autobiografia.
   Direção de Oleg Kovalov. 92 min. Rússia: Continental Home Vídeo, 1998.

Eisenstein en México: el círculo eterno
   Direção de Alejandra Islas. 85 min. México: Canal 22 y el Instituto Mexicano de Cinematografía (IMCINE), 1996.

Eisensteins Unvollendete Chronik einer Verhinderung
   Direção de Nina Goslar. 10 min. Alemanha, 1998.

Die Verschiedenen Gesichter des Sergej Eisenstein.
   Direção de Oksana Bulgakowa e Dietmar Hochmuth. 56 min. Alemanha: ZDF/Canal Arte, 1997.

Anexos

TRABALHOS DE EISENSTEIN PARA O TEATRO*

1918

Mistério-Bufo, de Maiakóvski. Militar no 18º Regimento, Eisenstein estuda maquetes de cenário para este espetáculo.

1920

O Processo, de Gógol. Cenário e encenação de Eisenstein para o Clube cultural da guarnição de Velikie Luki. Estréia: 9 de fevereiro de 1920.
O Sósia, comédia de Arkady Avértchenko. Cenário, figurinos, encenação: Eisenstein. Estréia: 9 de fevereiro de 1920, em Velikie Luki.
Marat, drama de N. Nikolaiev. Cenários, figurinos, encenação: Eisenstein. Estréia: 19 de março de 1920, para o Clube cultural de Velikie Luki.
O Jogador, baseado em Gógol. Cenário, figurino, encenação: Eisenstein. Estréia: 19 de março de 1920, em Velikie Luki.
A Tomada da Bastilha, de Romain Rolland; *Georges Dandin*, de Molière. Cenário: Eisenstein. Estréia: abril de 1920, no Estúdio do Clube cultural de Velikie Luki.

---

* A presente lista de peças de Eisenstein é uma tradução da publicada em francês por Amengual no livro *Que viva Eisenstein!*, p. 630-632. Essa lista não é exaustiva, limita-se, salvo algumas exceções, aos espetáculos efetivamente representados. Naum Kleiman repertoriou as 124 peças, pantomimas, 'bufonarias', mistérios e melodramas nos quais Eisenstein trabalhou.

1921

Sua Majestade a Fome, comédia de Leonid Andrêiev. Encenação: V. Tikhonovitch. Cenário: Eisenstein. Estréia: 21 de abril de 1921, Arenas centrais do Proletkult, Moscou.

As Auroras do Proletkult, de V. V. Ignatov. Cenário e figurino: Eisenstein. Estréia: 1º de maio de 1921, no Primeiro Teatro Operário do Proletkult, Moscou.

O Mexicano, baseado numa narrativa de Jack London (*The Mexican Felipe Rivera*). Adaptação: Boris Arvatov. Encenação: Valiéri Smichliáiev e Eisenstein. Cenário: Eisenstein e Leonid Nikitin. Estréia: 18 de maio de 1921, no Primeiro Teatro Operário do Proletkult, Moscou.

Paródias Teatrais: "Para Cada Sábio Basta uma Opereta", "Não Bebam Água Não Fervida", "Anunciação" (baseado em Claudel). Texto: Vladimir Mass. Encenação: N. Foregger. Cenário e figurino: Eisenstein e S. Iutkévitch. Ateliê Teatral de Foregger (MASTFOR), Moscou.

1922

Boas Relações com os Cavalos, bufonaria de V. Mass. Encenação: N. Foregger. Cenário e figurino: Eisenstein e S. Iutkévitch. Estréia: 5 (ou 23?) de janeiro de 1922, no MASTFOR, Moscou.

A Ladra de Criança, baseado em *As Duas Orfãs*, de Dennery; *A Fenomenal Tragédia de Fedra*, caricatura da *Fedra*, de Racine, montada por Aleksandr Taírov no Teatro Kamerni, Moscou. Texto e encenação: N Foregger. Cenário: Eisenstein. Estréia: janeiro (fevereiro?) de 1922, no MASTFOR, Moscou.

A Casa dos Corações Partidos, de Bernard Shaw. Encenação: Vsévolod Meierhold. Cenário: Eisenstein. A peça não foi representada.

O Gato de Botas, baseado em Tieck. Encenação de Eisenstein para o Teatro Meyerhold. Não representada.

Macbeth, de Shakespeare. Encenação: V. Tikhonovitch. Cenário e figurino: Eisenstein e S. Iutkévitch. Estréia: 25 de abril de 1922, no Teatro Central da Cultura, Moscou.

A Liga da Colombina, pantomima em 3 atos para a FEKS. Texto e "atrações": Eisenstein e S. Iutkévitch. Inscrita no repertório do MASTFOR, mas nunca representada.

O Precipício, comédia de Valiéri Pletniev. Encenação: M. Altman. Cenário: Eisenstein. Estréia: (?) Teatro do Proletkult, Moscou.

A Morte de Tariélkin, comédia-farsa de Aleksandr Sukhovó-Kobilin. Encenação: V. Meierhold e Eisenstein. Estréia: 24 de novembro de 1922 no Teatro Meyerhold (TIM).

1923

O Sábio (*Todo Homem Sábio é Bastante Estúpido*), baseado em N. Ostróvski. Texto: S. M. Tretiakóv. Encenação e cenário: Eisenstein. Estréia: 22 de abril de 1923, no Teatro do Proletkult, Moscou. A representação de *O Sábio* incluía o curta-metragem *O Diário de Glumov*.

Escuta, Moscou?, "agit-guignol" de Tretiakóv. Encenação e cenário: Eisenstein. Estréia: 7 de novembro de 1923, no Teatro do Proletkult de Moscou.

1924

Máscaras de Gás, "agit-guignol" [na verdade, "melodrama de agitação" e não "agit-guignol"] de Tretiakóv. *Encenação*: Eisenstein. Estréia: 29 de fevereiro (ou 4 de março?) de 1924, na Usina de gás de Moscou.

1934

Moscou 2, de Nathan Zarkhi para o Teatro da Revolução, Moscou. Eisenstein preparou a encenação de abril a julho de 1934, mas a morte do autor provocou o abandono do espetáculo.

1940

A Valquíria, segunda jornada da tetralogia de *O Anel do Nibelungo* de Richard Wagner. Encenação de Eisenstein no quadro dos acordos culturais do Pacto germano-soviético. Cenário e figurino (baseados nos esboços de Eisenstein): Peter Williams. Maestro: Vassili Nébolsine. Estréia: 21 de novembro de 1940, no teatro Bolshói de Moscou.

1942

Guerra e Paz, ópera de Prokófiev. Encenação não realizada.

FILMOGRAFIA DE EISENSTEIN

1923	*O Diário de Glumov*
1924	*A Greve*
1925	*O Encouraçado Potemkin*
1928	*Outubro*
1929	*O Antigo e o Novo*, ou *A Linha Geral*
1929-1930	*Miséria das Mulheres, Alegria das Mulheres* (contribuição)
1930	*Romance Sentimental* (contribuição)
1931	*Terremoto em Oaxaca*
1931-1932	*Que Viva México!* (inacabado)
1935-1937	*O Prado de Bejin* (as duas versões interrompidas e perdidas)
1938	*Alexandre Nevski*
1944-1946	*Ivan o Terrível* (a primeira parte é de 1944, a segunda, de 1946, e a terceira parte do filme não foi finalizada)

Impresso em São Paulo,
nas oficinas da Gráfica Palas Athena,
para a Editora Perspectiva S.A., em agosto de 2008.